中国经济文库
应用经济学精品系列

中国经济文库·应用经济学精品系列（二）

U0838049

草原生态补奖政策对牧户生产决策的影响研究
——以青海省为例

王　丹◎著

中国经济出版社
CHINA ECONOMIC PUBLISHING HOUSE
北京

图书在版编目（CIP）数据

草原生态补奖政策对牧户生产决策的影响研究：以青海省为例 / 王丹著. --北京 ：中国经济出版社，2021.11

ISBN 978-7-5136-5657-3

Ⅰ. ①草… Ⅱ. ①王… Ⅲ. ①牧民-草原保护-奖励制度-研究-青海 Ⅳ. ①F326.3

中国版本图书馆 CIP 数据核字（2021）第 238725 号

责任编辑　冀　意
组稿编辑　葛　晶
责任印制　马小宾
封面设计　华子设计

出版发行　中国经济出版社
印 刷 者　北京艾普海德印刷有限公司
经 销 者　各地新华书店
开　　本　710mm×1000mm　1/16
印　　张　13.25
字　　数　181 千字
版　　次　2021 年 11 月第 1 版
印　　次　2021 年 11 月第 1 次
定　　价　78.00 元
广告经营许可证　京西工商广字第 8179 号

中国经济出版社 **网址** www.economyph.com **社址** 北京市东城区安定门外大街 58 号 **邮编** 100011
本版图书如存在印装质量问题，请与本社销售中心联系调换（联系电话：010-57512564）

序 PREFACE

草原具有重要的生态价值和经济价值。受人类活动与气候变化影响，我国草原出现不同程度退化。草原的退化致使草地生产力显著下降，这不仅严重制约草地畜牧业的可持续发展，更威胁到我国的生态安全。为防止草原进一步退化，我国于 2011 年起实施草原生态补奖政策，旨在保护草原、保障牲畜产品供应、增加牧民收入。草原生态补奖政策实施后，我国草原生态恶化趋势得以遏制，草原生态环境得到明显改善。然而，草原生态补奖政策的实施造成畜牧业生产用草地减少、牲畜饲养成本上升，进而引起畜牧业生产环境变化和牧户生产观念转变。因此，在草原生态补奖政策实施背景下，面对草原生态保护与牧户增收矛盾亟待解决的现状，有必要回答关于畜牧业生产决策变化的问题。

基于以上背景，本书以青海省牧区为研究区域，从草原生态补奖政策实施的宏观背景入手，基于牧户草地畜牧业生产的微观视角，构建草原生态补奖政策对牧户生产决策影响的分析框架，分析草原生态补奖政策影响牧户生产决策变化的机理，探求草原生态补奖政策对牧户退牧决策与放牧替代决策的影响。

本书按照“政策影响机理—牧户对政策响应分析—政策对生产决策影响分析—牧户放牧行为约束机制设计—政策建议”这一逻辑主线设计研究方案。在国内外已有的研究基础上界定牧户、生产决策等核心概念，并以外部性理论、公共物品理论、系统论与行为决策理论为支撑，构建草原生态补奖政策对牧户生产决策的理论分析框架；在总结草原生态补奖政策背景的基础上，运用宏观数据，分析政策实施现状、实施效果、运行效率与存在问题，揭示政策造成畜牧业生产困境和牧户退牧、放牧替代行为的原因；从牧户心理层面，运用结构方程模型探析牧户的政策认知与评价响应，为后续实证提供政策评价因子；基于效用最大化假设，运用 Heckprobit 模型测度政策对牧户退牧决策的影响，利用 PSM 模型验证政策对牧户舍饲替代决策、种草替代决策与非农生计替代决策的影响；基于以上分析，结合利益诉求分析与博弈结论，提出牧户放牧行为约束机制的构想；最后，在上述理论、分析与实证的基础上，提出相关政策建议。

目 录 CONTENTS

表目录

图目录

第一章

绪　论

我国是畜牧业大国，草地畜牧业是国民经济的重要组成部分。尤其在经济落后的草原牧区，草地畜牧业不仅是当地的基础产业，也是牧区群众的主要收入来源，它在保障社会稳定、带动牧区经济发展、促进农牧民增收方面起着显著作用。然而，由于草原生态恶化与草场退化，我国草地畜牧业的可持续发展受到严重制约。这种情形在青海省牧区尤为明显。

地处青藏高原东北部的青海省是我国五大牧区之一，草地畜牧业是青海省支柱型农业产业，更是牧区群众赖以生存的产业。在自然因素和人为原因影响下，青海省草场退化情况严重，草原产草量和牧草质量不断下降，草场超载放牧现象严重。1998—2008 年《青海省生态环境状态公报》与 2007—2011 年《青海省第二次草地资源调查与研究》显示：青海省拥有 3160 万公顷草场，退化草地面积占全省草地总面积的 74.71%；中度以上退化草地面积在 1998 年达 733 公顷，2003 年增至 833.33 公顷，2008 年攀升至 1636 公顷；草地超载率高达 87.81%。草地退化造成牧草产量下降，畜牧业饲料成本上升，草地畜牧业生产收益递减。牧民与草原的关系陷入“增收—超载放牧—草地退化—增收—超载放牧加剧—草地严重退化”的恶性循环中。

青海省是我国长江、黄河、澜沧江的发源地，生态地位十分重要。草地退化不仅影响当地畜牧业的可持续发展，更破坏了青藏高原生态系统平衡，威胁我国生态安全。面对草场生态恶化与退化问题，我国出台了一系列草原生态保护政策，其中草原生态保护补助奖励政策①是覆盖面最广、政府财政资金投入最多的草原生态补偿政策。草原生态补奖政策于 2011 年起在青海、内蒙古、新疆、西藏等 8 个主要省(区)的草原牧区实施，并于

① 为简便起见，文中将“草原生态保护补助奖励机制政策”简称为“草原生态补奖政策”。

2012年扩大至山西、河北、黑龙江、辽宁与吉林等省份。我国对草原生态补奖政策投入巨大，在政策实施的第一轮周期，每年投入136亿元财政资金用于发放相关政策补贴，旨在实现“两保一促”的政策目标，即“保护草原生态、保障畜产品供应、促进农牧民增收”。以青海省为例，青海省于2011年9月全面启动草原生态补奖政策。

自草原生态补奖政策实施以来，青海省实现禁牧1633.33万公顷，草畜平衡1526.67万公顷，草原植被覆盖度提高了5.8%，亩产鲜草产量增加13%。草原生态补奖政策的实施极大地遏制了草原生态恶化的趋势，扭转了草场退化的现状。

第二章

研究基础与理论框架

第一节　概念界定

一、草原生态补奖政策

为了加强草原生态保护建设，转变牧区畜牧业发展方式，促进牧民持续增收，我国于2011年起在内蒙古、青海、新疆等8个省(区)的草原牧区实施草原生态补奖政策。2012年政策全面覆盖了全国268个牧区、半牧区县。草原生态补奖政策属于生态补偿政策，通过生态恢复措施和生态补奖措施来抑制危害草原生态的经济活动。

1. 生态恢复措施

第一，禁牧措施。草原生态补奖政策的禁牧措施包括划定禁牧草场、禁牧草场内实施禁牧。禁牧(prohibited grazing)，字面释义是禁止放牧。禁牧是牧户对草原生态补奖政策的响应，即牧户在禁牧草场不得出现放牧行为。与禁牧相关的概念还有休牧(grazing land resting)，指在草畜平衡草场上，牧户短期禁牧。休牧一般是在一年中的某一段时期对草地禁止放牧，禁牧与休牧的区别在于禁止放牧时间的长短不同。

禁牧草场(prohibited grazing area)，指禁止放牧的草场。我国根据天然草原生产力状况及草原退化状况，划定中度及中度以上的退化草原为禁牧草场。禁牧草场在5年内禁止放牧，5年后根据草场恢复状况，由当地草原监督管理部门决定是否继续禁牧。

第二，草畜平衡措施。草畜平衡(grass and animal balance)，是指“为保持草原生态系统良性循环，在一定时间内，草原使用者或承包经营者通过草原和其他途径获取的可以用饲草饲料总量与其饲养的牲畜所需的饲草饲料量保持动态平衡"[①]。草原生态补奖政策的草畜平衡措施包括划定草畜平衡草场（也称为平衡草场），实施草畜平衡生产。草原生态补奖政策实施后，草原按照是否允许放牧被划分为禁牧草场和草畜平衡草场。草畜平衡草场是指禁牧草场以外的草场。草畜平衡每5年核定一次，牧户在草畜平衡区放牧需符合合理载畜量。合理载畜量即官方发布的核定载畜量。

第三，草地核定载畜量。在草畜平衡草场中，牧户要按照核定载畜量生产。载畜量（carrying capacity），指在一定的草地面积，在一定利用时间内，所承载饲养家畜的头数和时间[②]。载畜量可以通过以下方式表示：①家畜单位，是指在单位利用时间内，单位面积草地所承载的标准羊单位数量；②时间单位，是指在草场的单位面积内，1标准羊单位可利用的时间；③草地面积，是指在单位时间内，可供1标准羊单位利用的草地面积。综合以上分类标准，结合青海省实际，本书所说的载畜量是指在一年内，牧户承包草地所饲养的标准羊单位数量。核定载畜量（proper carrying capacity），是我国根据牧户草场的承载能力，所确定的牧户承养牲畜的标准羊单位数量。核定载畜量的计算，需要对牧草地可食产草量和割草地可食产草量进行测定，再考虑牧草再生率、不同草地类型产草量年变率，计算所得。与核定载畜量相关的还有现有载畜量。现有载畜量（standing carrying capacity），是指牧户在一年内，在其承包的平衡草场内，实际承养的牲畜标准羊单位数量。在实施草原生态补奖政策后，核定载畜量被用于牧户饲养、承养牲畜规模的参考依据，并通过比较核定载畜量与现有载畜量来判断牧户是否超载过牧。

2. 生态补奖措施

第一，实施禁牧补助。草原生态补奖政策的禁牧补助是指以牧户和村公共集体为补助对象，针对禁牧草场发放的草原禁牧封育补贴。在草原生态补奖政策实施的第一轮周期，中央财政按6元/亩[③]标准划拨禁牧补助资

① 中华人民共和国农业部令第48号，2015年1月19日。

② 我国天然草地合理载畜量的计算，依据《中华人民共和国农业行业标准"NY/T 635-2002"》制定。

③ 1亩=666.67平方米。

金。在草原生态补奖政策实施的第二轮周期，由于取消了牧民生产资料综合补贴和牧草良种补贴，禁牧补助提高至 7.5 元/亩。

第二，实施草畜平衡奖励。草畜平衡奖励发放对象与禁牧补助对象相同，其覆盖范围为禁牧区域以外的可利用草场，这些草场也被称为草畜平衡草场。在草畜平衡草场中，牧户要按照草地核定载畜量进行生产。草畜平衡奖励是对按草地核定载畜量进行放牧生产的牧户给予的补贴。在政策第一轮周期，中央财政按 1.5 元/亩标准划拨草畜平衡奖励资金。在政策第二轮周期，由于取消了牧民生产资料综合补贴和牧草良种补贴，草畜平衡奖励提高至 2.5 元/亩。

第三，发放牧民生产性补贴。在草原生态补奖政策第一轮周期，我国通过向牧户发放畜牧良种补贴、牧草良种补贴、牧民生产性补贴来推动牧区畜牧业转型。其中，畜牧良种补贴以牦牛种公牛、种公羊活体补贴方式，对购买良种牲畜的牧户进行补偿，发放标准为牦牛 2000 元/头、藏绵羊 800 元/头、绒山羊 800 元/头。牧草良种补贴采取项目管理或直补牧户方式，将牧草良种以实物形式补贴给牧户，发放标准为多年生人工牧草 50 元/亩・年，一年生人工牧草 10 元/亩・年。牧户生产资料综合补贴是按照每户 500 元标准进行发放。在草原生态补奖政策第二轮周期，取消了牧民生产资料综合补贴和牧草良种补贴，但提高了禁牧补助和草畜平衡奖励标准。

二、牧户生产决策行为

1. 牧户

牧户(herdsman)，是指以家庭为单位，以畜牧业生产经营为主要收入来源并从事牧业劳动的家庭。牧户主要分布在牧区，半农半牧区也有分布。Swift(1988)认为草原牧户是指至少家庭收入的 50%来自畜牧业或与畜牧业相关活动的家庭。因此，可通过收入来源这一标准来区别农户与牧户：牧户主要从事畜牧业劳动，收入以畜牧业收入为主；农户主要从事农业劳动，收入以种植业和副业为主。按照《农业部 财政部关于 2011 年草原生态补奖政策实施的指导意见》①，本书所研究的牧户是指居住于牧区，按照已承包到户的禁牧或草畜平衡草原面积，领取草原禁牧补助和草畜平衡奖励的牧民家庭。

2. 牧户生产决策行为

决策是指人们为了达到既定目的，按照最优化原则，选择管理目标与行动方案的活动过程。牧户生产决策是指户主(决策者)和家庭成员通过分析畜牧业生产信息、政策信息，确定畜牧业生产中存在的问题，提出解决方法，然后对存在问题作出反应的过程。牧户生产决策不仅是牧户在畜牧业生产中的抉择，更是牧户对外界环境变化的理性反应。在草原生态补奖政策影响下，牧户生产决策主要围绕畜牧业生产展开。受禁牧措施和草畜平衡措施影响，牧户畜牧业饲料成本上升，因此有部分牧户退出了畜牧业生产，转而采取其他生计。在这一过程中，牧户旧的生产决策改变，新的生产决策形成。

第二节　相关理论基础

一、外部性理论

外部性问题是马歇尔(1890)在《经济学原理》中首次提出的，庇古在《福利经济学》中进一步完善了外部性理论。外部性概念是经济学中最难琢磨的概念(沈满洪，2002)。代表性的概念由萨缪尔森提出："外部性是指那些生产或消费对其他团体强征了不可补偿的成本或给予了无须补偿的收益的情形"(萨缪尔森，1999)。

外部性不通过价格机制反映，可以用社会收益与社会成本来解释，当

① 《农业部 财政部关于2011年草原生态保护补助奖励政策实施的指导意见》(农财发[2011]85号)指出，草原禁牧补助和草畜平衡奖励的发放对象为承包草原并履行禁牧或草畜平衡义务的牧民，补贴按照已承包到户的禁牧或草畜平衡草原面积发放。

主要经济主体的福利受到自身活动和他人活动的影响时，就存在外部效应。外部效应分为正外部性（外部经济）和负外部性（外部不经济）。正外部性指个体从其行动中获得的私人收益小于其所带来的社会收益的情形；负外部性指个体行动所付出的私人成本小于该活动所造成的社会成本的情形。无论出现生产外部性还是消费外部性，都会导致市场失灵，使社会资源配置偏离帕累托最优状态（Pinduck，2006）。

由于草场的准公共物品属性，牧民的过牧行为（简称过牧）是典型的外部性问题。阿诺德（2004）认为，当某一草场不存在产权时，过牧现象很普遍。此时即使某一牧户不放牧，其他牧户也会增加过度放牧程度。过牧会造成牧场荒废与环境恶化，站在后代的角度，过牧行为引起负外部性。同时，Roger A. Arnold（2004）提出，当牧场被私人拥有后，此时出于经济利益考虑，过度放牧将不被允许。可知，过牧可以为放牧者带来收益，但过牧成本则由整个社会承担。当草原生态补奖政策实施后，在政策规制下，不论草场产权是否明晰，过牧行为都被禁止。此时，牧民个人收益受损。为了鼓励牧民不过牧，国家向牧民发放生态补偿补贴，旨在减少过牧现象。可以看到，外部性理论对草原生态环境恶化的原因从理论上进行了解释，并为草原生态保护奖励与补助机制提供了理论支持。

二、公共物品理论

现代公共物品理论产生于20世纪50年代。学术界一致认为向社会提供公共物品是政府的一项基本职能。西方学者将所有物品划分为公共物品、准公共物品和私人物品。简单来说，公共物品是指由公共部门以非市场方式提供的物品或劳务。Samuelson（1954）认为公共物品具有“增加一个人对物品的消费，同时并不减少其他人对该物品消费”的特性。由于公共物品是公众共同享用、无法分割的，公众在消费公共物品时，对某种公共物品的消费不会降低他人对该物品的消费水平，因此公共物品具有非排他性、非竞争性和效用不可分割性。

Ostrom（1977）对公共物品理论进行了细化，根据消费的排他性和共用性将所有物品划分为私人物品、可收费物品、公共池塘资源和公共物品。具有可排他性且需要分别使用(消费)的物品是私人物品，具有可排他性且可共同使用(消费)的物品是可收费物品，具有不可排他性(非排他性)且必须分别使用(消费)的物品为公共池塘资源，具有不可排他性且共同使用(消费)的物品为公共物品。草原是典型的公共池塘资源，具有非排他性。首先，草原在使用中不存在消费排他性，牧户对未确权草原和集体产权草原拥有同等使用权，但当牧户对草原的使用超过草原资源补充时，草原就会退化。其次，草原可划分为具体的资源单位，随着放牧牲畜的增加，草原的再生能力与牲畜饲草获取量会下降。公共物品理论说明：草原为公共池塘资源，需要根据公共池塘资源的特性开展草原治理。Ostrom(1987)认为，公共池塘资源治理应采取自主组织与自主治理的制度。目前，我国的草原治理方式主要是以政府为主导，政策“自上而下”实施。因此，有必要在草原治理中，通过制度安排激发牧户草原保护的主人翁意识，建立具有中国特色的草原自主治理体系。

三、系统论

系统论思想由 Bertalanffy(1932)提出，1937 年进一步完善。所谓系统是指“可以确定为处于一定的相互关系中的与环境发生关系的各组成部分的总体”(Bertalanffy 1932)。Bertalanffy(1932)认为组成系统的各要素不是简单相加，亦不是孤立存在，且各要素相互关联，每个要素都在系统中起着特别的作用，局部好不一定意味整体好。

按照系统论的思想，草地、牲畜、牧户、政策构成了草地畜牧业生产系统。在这个系统内，任何一个要素的变化都会引起其他要素变化，破坏系统整体平衡。如牧户为了增收，会在草地上增加牲畜的数量。随着牲畜数量的增加，草地会逐渐退化。草地的退化破坏了草地畜牧业生产系统平衡。当畜牧业生产系统平衡被破坏后，畜牧业将不能实现生产的可持续。为了保证草地畜牧业生产系统的正常运转，政府通过禁牧措施和限牧措施抑制牧民过牧行为，鼓励牧民保护草地，通过改变牧民生产行为来保证畜牧业生产活动系统正常运转。

因此，按照系统论观点，研究畜牧业生产活动时应从系统各要素之间的联系入手，不能孤立各要素。畜牧业生产活动系统内各要素的影响关系如图 2-1 所示。

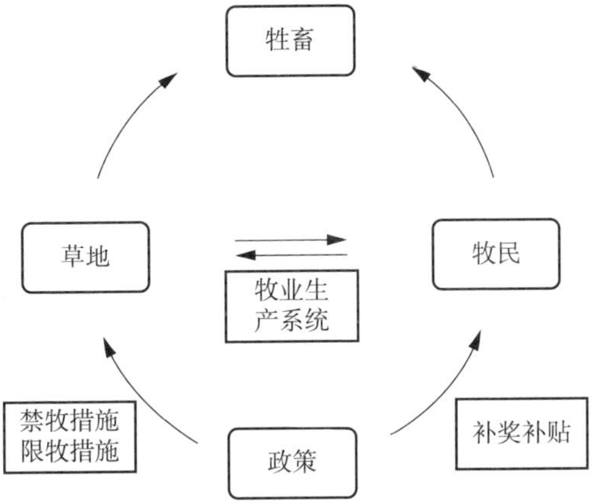

图 2-1　草地畜牧业生产系统内容要素的影响关系图

四、行为决策理论

行为决策理论并不是指某一特定理论，是一组用于解释人类行为决策与心理的理论。决策即选择行动，是指从一组备选方案中选择替代方案的行为。确定性决策、风险型决策和不确定性决策是决策的三种类型（Takemura，2014）。虽然行为决策理论诞生于心理学领域，但行为决策理论中提及的心理学方法与知识已广泛应用于商业与经济学领域。Slovic（1977）首先将行为决策理论划分为规范理论和描述理论两种类型。规范理论描述了理性决策的形式，其核心是支持理性决策；而描述理论侧重于描述人类如何作出决定。Edwards 在 1961 年发表的《行为决策理论》被认为是行为决策理论的开端。在行为决策理论中，效用通常被用来表达行为选择的偏好关系。效用指一个人从消费某种物品或服务中得到的主观享受或有用性（Szenberg，2005）。效用为行为决策提供了技术性测量标准，但效用的衡量是行为决策中一个难点，Samuelson（1938）通过显示偏好理论解决了这一问题。

1. 期望效用理论与主观期望效用理论

期望效用理论(expected utility theory)是不确定性决策和风险型决策的主要理论，其历史发展悠久，最早可追溯至1713年数学家Bernoulli提出的圣彼得悖论(St. Petersburg paradox)。1738年，Von Neumann在《博弈论与经济行为》一文中初次界定期望效用含义(Von Neumann and Morgenstern, 1947)。边际效用递减假设是期望效用理论的前提，完备性、传递性、连续性和独立性4个公理假设是期望效用理论的建立基础。期望效用理论的核心内容可表达为：假如决策者选择风险型决策备择方案的过程符合效用公理，那么其一定是选择期望效用值最大的那项备择方案(周国梅, 2001)。

假设牧户初始收入(牲畜数量)为T，面对草原生态补奖政策的实施，牧户面临的不确定选择集合为(T_1, P_1; T_2, P_2; …; T_i, P_i)，当牧户作出选择时，按照期望效用理论，某一决策方案的效用大于其他备选方案效用，即：

$$\sum P_i U(X_i) > \sum P_n U(X_n) \tag{2.1}$$

此时，牧户有接受X_i风险大于X_n的意愿。在此决策过程中，牧户只能从某一决策集中选择一种行为，且比较这一决策行为下各备择方案的边际效用大小。此外，根据期望效用理论的行动原则，牧户会比较某一行动的效用与成本。如果效用大于成本，牧户将会继续该行为；如果行动效用小于成本，牧户将会终止该行为。

在真实决策过程中，事件发生概率并不是客观存在，而是决策者主观估计的，即主观期望值(SEV)是决策效用的加权函数。在此基础上，主观期望效用理论被提出(Friedman, 1952)。Savage(1951)认为，投资者决策的概率由其主观期望决定，其投资行为是被投资者“想当然”认为某个概率下所选择的最大效用所对应的投资行为。此时仍假设决策者是理性的，但由于决策者间存在个体差异与偏好差别，出现不同决策者对同一决策事件的估计概率存在差异的情形。如草原生态补奖政策实施后，牧户的生产决策包括退牧决策与放牧替代决策。在这一过程中，牧户个体差异与偏好的存在造成了牧户对决策行为效用的判断不同，因而牧户在政策影响下选择行为也有所不同。

2. 前景理论

随着Simon(1972)对有限决策理性与Edwards(1954)对主观期望效用理论研究的推进，期望效用理论受到了试验与经验证据的不断抨击。有证据表明，决策者的选择行为并不一定遵循个人预期原则(Levy，1997)，如阿莱斯悖论(Allais paradox)、埃尔斯伯格悖论(Ellsberg paradox)等。原因在于期望效用理论与主观期望效用理论虽然通过量化方法选择出决策方案，但这一选择过程忽略了决策者的情感因素与心理感受，使得以上理论在强调客观性的同时无法对某些情境下的决策行为进行解释。随后前景理论对期望效用理论提出了挑战。前景理论主要内容是：行动者对特定商品决策的效用是该商品净资产水平的函数，对决策结果的偏好不依赖于当前资产，而取决于当前资产的变动，即行动者决策时根据设定参考点进行决策(Kahneman，1979)。简单来说，人们面对收益时更倾向于规避风险，面对损失则更倾向于接受风险，并对非线性概率作出反应(Levy，1997)。根据前景理论，在草原生态补奖政策实施后，在退牧决策与放牧替代决策过程中，牧户对草原生态补奖政策带来的损失比对其带来的收益更敏感，即牧户对于禁牧、草畜平衡损失而产生的痛苦感大于获得补奖补贴而产生的满足感。故面对禁牧与草畜平衡损失，牧户有冒着处罚风险进行违规放牧的倾向。

第三节　草原生态补奖政策影响牧户生产决策机理分析

1980年马歇尔首次在《经济学原理》中提出外部性问题。随后，1920年庇古又进一步完善了外部性理论。草原作为公共资源，在利用时存在显著的外部效应。正如哈丁在“公地悲剧”指出，当产权难以界定时，牧民就会不顾草场承载力增加放牧数量。草场过度使用势必会带来草地迅速恶化的结局。由于外部性会导致资源不能被有效配置，因此，牧户的草原畜牧生产行为必须由政府干预。

一、草原生态补奖政策效果分析

生态补偿政策效果可用帕累托标准由卡尔多—希克斯标准来衡量。帕累托标准由维尔弗雷多·帕累托(Pareto，1896)提出，用于判断社会中多人行为优劣和政策实施(资源配置变化)是否让社会变好。如果至少有一个人因政策变得更好，并且没有人因政策变糟，那么就是帕累托改进，这种资源状态就是“帕累托最优状态”。但由于帕累托标准的“理想性”，生态补偿政策很少能够实现帕累托改进。在现实的社会状态中，社会总效用最大化可以通过让政策收益方所得足以补偿政策受损者损失的方式实现，这符合卡尔多—希克斯标准，又称为“潜在的帕累托改进”。在这一过程中，如果从政策实施(变革)中获益的人，能够至少补偿一个人的损失而且还有剩余，那么社会整体效应得以改进，实现卡尔多—希克斯效率(Coleman，1979)。与帕累托标准不同，卡尔多—希克斯标准用来衡量总社会福利是否超过社会总成本，并提出了对受损者的补偿。由于草原保护对整个社会具有正外部性，但牧户在政策实施后利益受损，按照庇古(1920)的观点，应使用补贴来弥补实现正外部性的受损方。

在草原生态补奖政策执行前，牧户都会进行畜牧生产。在草原生态补奖政策执行后，牧户放牧用草地变少，牲畜饲养规模减小，饲养方式的改变又造成饲料成本增加。政府期望通过发放补奖补贴补偿牧户损失，减少牧户对草地的过度使用，从而达到生态环境安全的目标。

以上分析说明，草原生态补奖政策效果是典型的卡尔多—希克斯改进。草原生态补奖政策通过限制牧户放牧来改善草原退化现状。在政策执行过程中，牧户是政策利益相关者也是受损对象，而受益方是整个社会，政府通过发放补奖补贴，尽可能补偿牧户畜牧业损失。诚然，没有十全十美的产业政策，只有“值得”或“不值得”的抉择权衡(金碚，2017)。草原生态补奖政策对我国生态安全意义深远，其不仅具有短期政策效果，还具有长期政策效果(图 2-2)，不仅体现在当前对牧户增收、畜牧业生产和草原生态的影响，还体现在未来对牧区经济的后续影响。可以看到，由于草原生态补奖政策的实施，牧户的生计策略、区域产业布局与经济发展观念都将发生持续性改变。

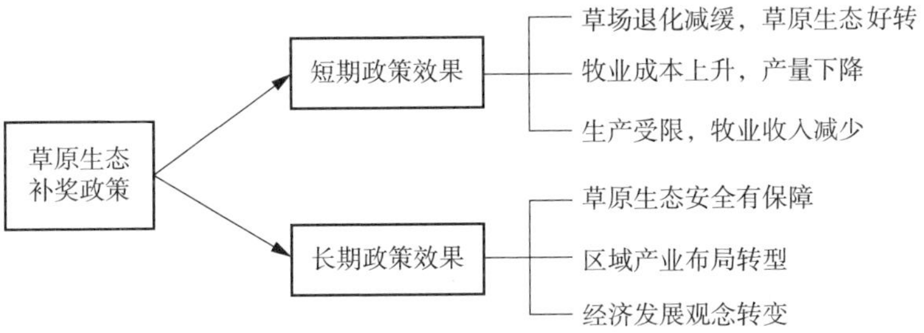

图 2-2　草原生态补奖政策效果图

二、草原生态补奖政策对牧户生产决策影响机理

新古典经济学认为，农户(牧户)是理性经济人。在“经济人”假设下，牧户的生产行为基于收益最大化动机，即牧户生产决策的预期结果是获取最大收益。

由于草原生态补奖政策的实施，牧户草场按照退化程度被划分为禁牧草场和草畜平衡草场。禁牧草场内禁止放牧，5 年后根据草场恢复的状态决定是否开放；草畜平衡草场内要按照核定载畜量放牧，核定载畜量由草原监管部门根据牧户草场生产力状况与牧户饲草料来源确定。设政策实施前牲畜饲养规模为 Q，牧户承包的草场面积为 G，草场禁牧面积为 G_1，则草场草畜平衡面积为 $G-G_1$。

当 $G_1=G$ 时，草场全部禁牧，畜牧业生产无可用草场；当 $G_1=0$ 时，无禁牧草场，按草畜平衡放牧。可知，牧户承包草场的 3 种可能情形是：草场全部禁牧；全部是草畜平衡草场；草场部分禁牧部分实施草畜平衡。以上情形说明，草原生态补奖政策实施为畜牧业生产带来两个改变：第一，牧户放牧用草场面积变小；第二，牲畜饲料成本增加。

在草原生态补奖政策的影响下，牧户需作出两大决策。第一个决策：牧户要考虑是否过牧；第二个决策：牧户要考虑是否进行生计替代。在草原生态补奖政策实施初期，虽然牧户面临着生产资料(草场)减少、饲养成本上涨的问题，但为了规避再就业风险，牧户仍从事畜牧业生产。当牧户要保持原有饲养规模时，其过牧概率增大。此时在"效用最大化"原则下，牧户考虑是否过牧。虽然过牧会在短时期内带来收益提升，但存在被处罚的风险。在博弈抉择下，牧户不得不作出是否退牧的决策。

不论牧户是否退牧，在饲养成本上升、牲畜价格下跌的情形下，牧户都会面临第二个决策——是否选择生计替代策略。此时，牧户要么选择放牧作为生计，要么选择其他生计行为替代放牧。从调研结果与牧区实践来看，牧户主要通过三种生计替代行为来增加家庭收入：第一，牧户通过舍饲方式来提高饲养规模，从而替代放牧生产；第二，牧户通过种植牧草、参与天然草原治理或补播人工草场来替代放牧；第三，牧户通过打工等非农生计活动替代放牧。基于此，本书构建了草原生态补奖政策对牧户生产决策影响模型(图 2-3)。

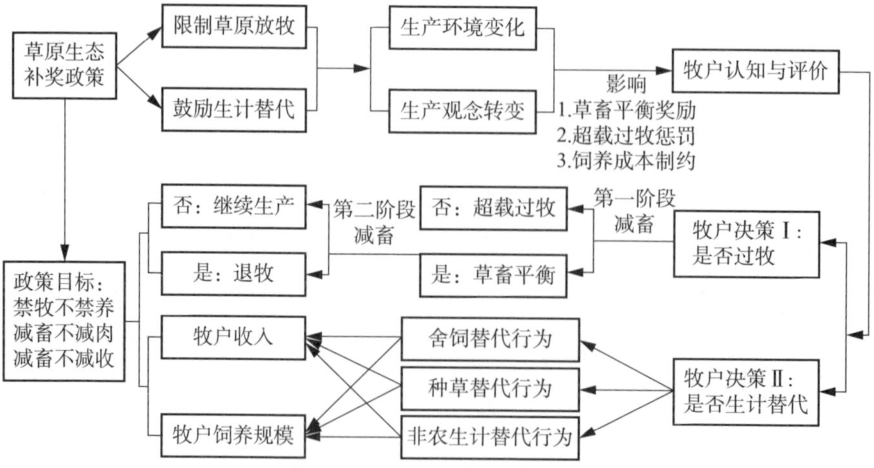

图 2-3　草原生态补奖政策对牧户生产决策影响模型

第四节 理论分析框架

以上分析表明，草原生态补奖政策通过实施禁牧和草畜平衡措施，对牧户退牧行为与放牧替代行为产生了影响。基于上述理论分析，并结合调研实际，本书以青海省牧区牧户为例，构建了草原生态补奖政策对牧户生产决策影响模型（分析框架），研究理论分析框架构成如下。

（1）本书从宏观层面解析了青海省草原生态补奖政策的实施背景和政策的实施现状，测度了青海省各地区的政策实施效率并指出存在的问题。这不仅阐明了草原生态补奖政策的意图与指向，更为后续章节构建了实证情境和宏观背景。

（2）本书基于调研数据展开实证分析。实证分析由三部分组成：第一，分析牧户对草原生态补奖政策的认知与评价，草原生态补奖政策效果通过限制草原放牧面积与发放补奖补贴作用于畜牧业，本书将牧户对草原生态补奖政策的认知与评价作为政策的代理变量，在此基础上分析牧户对草原生态补奖政策的响应，因而这部分实证是分析政策对牧户决策产生影响的基础。第二，探索草原生态补奖政策对牧户退牧决策的影响，将牧户草畜平衡行为、退牧行为作为因变量，草场特征变量与政策特征变量等作为自变量，通过对牧户退牧决策进行两阶段的影响因素分析，检验草原生态补奖政策对牧户原有生产决策的纠偏作用。第三，检验草原生态补奖政策对牧户放牧替代行为的影响。通过对牧户放牧替代决策进行影响因素分析并量化放牧替代决策对牧户收入、饲养规模变动的影响，检验草原生态补奖政策的政策效果及对牧户新的生产决策形成的作用。

（3）结合前文分析结果，在利益诉求分析与博弈策略分析的基础上，构建牧户放牧行为约束机制。

一、青海省草原生态补奖政策实施现状与效果分析框架

本框架对青海省草原利用与保护历史、青海省草原生态补奖政策发展历程、实施现状与实施效果进行分析。第一，回顾青海省草原利用与保护历史，为研究提供宏观历史背景；第二，总结青海省草原生态补奖政策发展历程，介绍草原生态补奖政策和退牧还草政策的关系，为研究提供政策背景；第三，从政策目标完成情况、政策实施手段、政策实施范围和补奖资金投入与补贴标准的角度分析青海省草原生态补奖政策实施现状，介绍了实证的政策情境；第四，从政策实施效果和政策运行效率两方面评价草原生态补奖政策，政策实施效果从生态效果、经济效果和社会效果层面展开，政策运行效率通过 DEA 模型测算得到；第五，提出草原生态补奖政策实施中存在的问题。分析思路如图 2-4 所示。

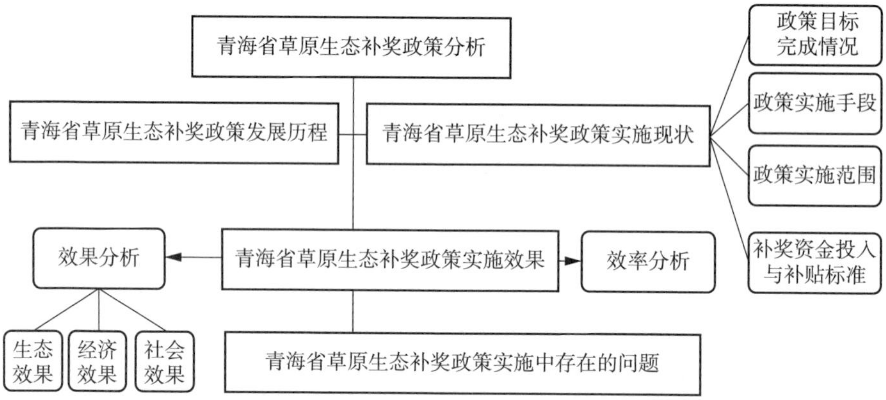

图 2-4　草原生态补奖政策实施现状与效果分析框架

二、草原生态补奖政策认知与评价分析框架

草原生态补奖政策会对牧户生产决策产生影响，牧户也会对政策作出响应。牧户对草原生态补奖政策的响应包括对政策的认知与评价。政策认知是牧户对政策内容、作用、效果、关系等的认知，政策评价是牧户对政策实施效果的判断。本书用政策内容认知和政策执行认知表征政

策认知，用政策生态效果评价和政策生计效果评价来表征政策效果评价。本框架内容将分别检验政策内容认知、政策执行认知对政策生态效果评价、政策生计效果评价的影响路径（图 2-5）。由于政策内容认知、政策执行认知、政策生态效果评价、政策生计效果评价是潜变量，难以直接观测，因此构建结构方程模型（SEM）验证牧户对草原生态补奖政策响应的内在机理。该部分将回答以下问题：青海省牧区牧户对草原生态补奖政策认知与评价情况如何？草原生态补奖政策认知是否会影响草原生态补奖政策评价？牧户对政策的认知与评价是牧户对政策的响应，会影响牧户后续生产决策行为，因此，可为后续实证提供牧户政策感知因子。

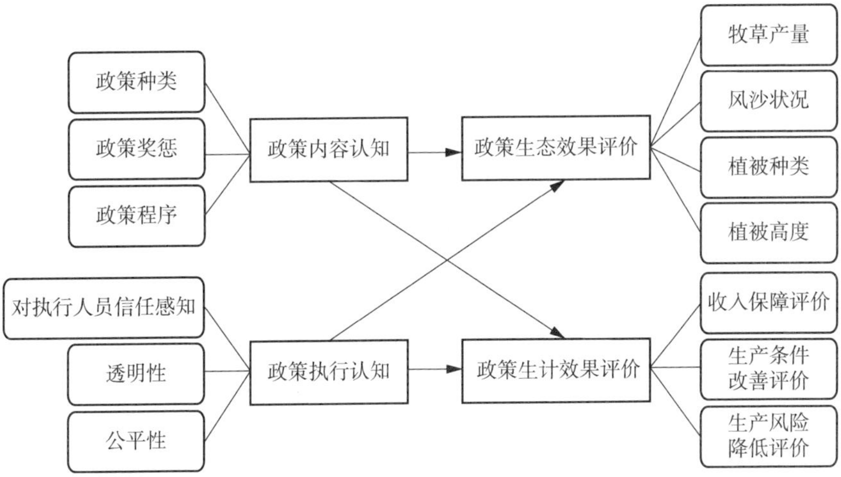

图 2-5　牧户对草原生态补奖政策的认知与评价分析框架

三、草原生态补奖政策对牧户退牧决策影响分析框架

该部分将测度草原生态补奖政策对牧户退牧决策的影响。退牧行为是牧户经由“是否平衡生产”“是否退牧”的两阶段抉择形成。因此，该部分采用两阶段模型来测度政策影响。首先使用 Probit 逐步回归来筛选显著变量，其次使用 Heckman 两阶段方法建模。第一阶段模型因变量为是否采取草畜平衡，第二阶段模型因变量为是否退牧，两阶段模型自变量为个体特

征（户主性别、年龄、受教育程度、从业年限、民族、区位）、家庭特征（家庭成员最高学历、家庭总人口数、畜牧业人数、打工人数、替代生计、合作社参与、培训参与、牧业收入占比和是否有虫草收入）、草场特征（草场承包类型、草场承包面积、禁牧草场面积占比、牧草种植面积）、政策特征（禁牧面积、草原生态补奖政策补贴金额和核定载畜量）。由于牧户对草原生态补奖政策评价与认知会对生产决策行为产生影响，因此将政策认知评价因子纳入模型中，以提高模型预测精度（图 2-6）。本框架将回答草原生态补奖政策是否影响牧户退牧，如何影响牧户退牧的问题，这为草原生态补奖政策的劳动力分化作用与生态保护作用提供了理论支持。

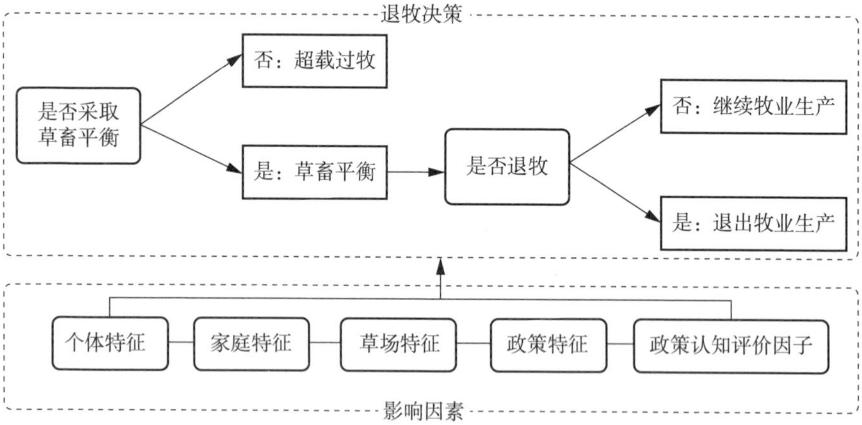

图 2-6　草原生态补奖政策对牧户退牧决策影响分析框架

四、草原生态补奖政策对牧户放牧替代决策影响分析框架

本框架测度草原生态补奖政策对牧户放牧替代决策的影响，验证草原生态补奖政策对牧户放牧替代行为的促进作用。根据调研实际，选择舍饲替代、种草替代和非农生计替代作为放牧替代行为的代理变量，选择饲养规模变动和牧户家庭总收入作为政策效果处理变量。另外选择影响牧户放牧替代行为的特征变量作为协变量：户主特征，包括户主年龄、畜牧业从业年限、是否参加培训；家庭特征，包括牧户家庭所在区位、

家庭是否有虫草收入、家庭成员最高学历、2016 年家庭畜牧业收入；草场特征，包括草原承包面积、草原禁牧面积比、2016 年牲畜存栏规模。政策效应变量为草原生态补奖政策内容认知、核定载畜量、2016 年补奖补贴收入。Logit 模型用于估计模型的倾向得分，PSM 模型比较结果将发现草原生态补奖政策如何影响放牧替代行为变化，具体框架如图 2-7 所示。

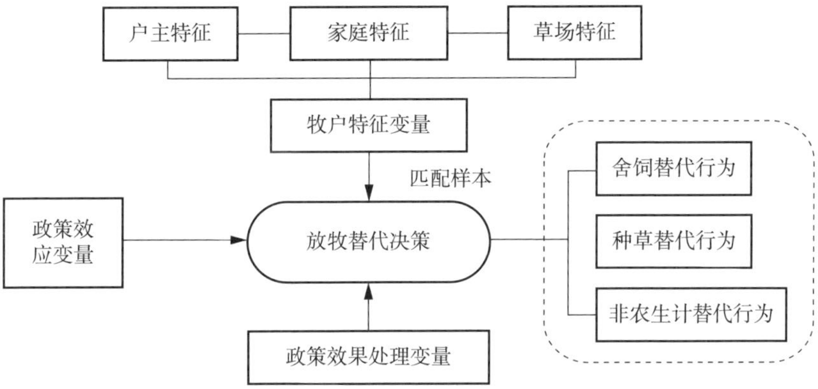

图 2-7　草原生态补奖政策对牧户放牧替代决策的影响

五、草原生态补奖政策下牧户放牧行为约束机制分析框架

草原生态补奖政策落地后，如何减少超载过牧行为并形成约束机制是政策执行中不可避免的问题。本书将从两方利益诉求差异解析入手，通过博弈分析，探讨牧户放牧行为约束机制的内在本质与外在表现。首先，比较政府利益诉求与牧户利益诉求，寻找两方利益诉求差异。其次，将惩罚与奖励分别引入政府与牧户非合作博弈分析中，解释惩罚、奖励这两种行政手段对过牧行为与草原监管行为的影响。在以上结论的基础上，从约束目标、约束主体、约束原则、约束方式构建牧户放牧行为约束机制，分析思路如图 2-8 所示。

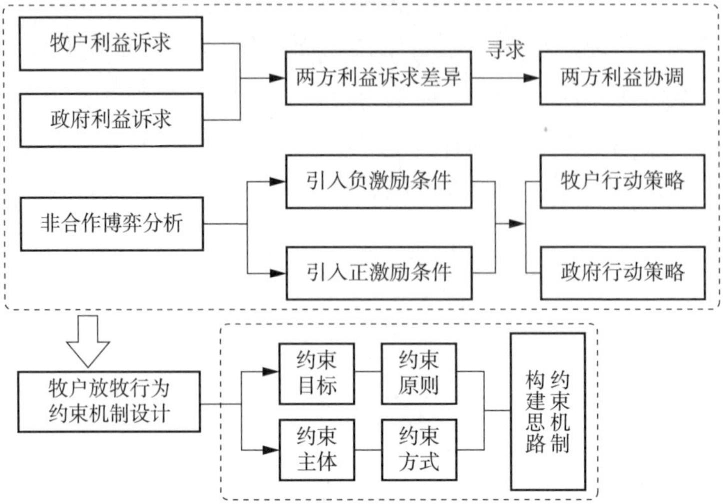

图 2-8　草原生态补奖政策中下牧户放牧行为约束机制分析框架

第五节　本章小结

本章是全文的理论基础。首先，界定了牧户及牧户生产决策行为概念，并对草原生态补奖政策的相关概念进行了解释，为后续分析打下了基础。其次，总结理论基础，包括外部性理论、公共物品理论、系统论、农户行为理论及行为决策理论。再次，说明了草原生态补奖政策影响牧户生产决策行为的机理，具体包括草原生态补奖政策效果分析与政策影响下牧户生产决策转变机理。草原生态补奖政策效果分析表明，草原生态补奖政策是卡尔多—希克斯改进，其政策效果分为长期政策效果和短期政策效果。牧户生产决策产生机理阐释了牧户退牧行为与放牧替代行为的产生与决策逻辑。最后，结合本书研究对象，提出全书理论分析框架，包括：①草原生态补奖政策实施现状与效果分析框架；②草原生态补奖政策认知与评价分析框架；③草原生态补奖政策对牧户退牧决策影响分析框架；④草原生态补奖政策对牧户放牧替代决策影响分析框架；⑤草原生态补奖政策下牧户放牧行为约束机制分析框架。

第三章

草原生态补奖政策实施现状与效果

草原与耕地一样，是人类重要的农业生产资料。近年来，由于气候干旱、超载过牧、牧区人口增长过快及大规模开垦等原因，青海省牧区草场受到了破坏，引发了草原退化。草原的退化不仅压缩了牧民的生计空间，破坏了草原生态，更对牧区社会可持续发展形成了重大挑战，草原生态补奖政策就是在此背景下提出的。草原生态补奖政策的实施，有特定的背景原因，更有其重要的现实意义。

第一节　草原生态补奖政策实施背景

一、青海省草原资源概况

青海省位于中国西部，地势高耸、地貌多样，省内草原资源丰富，是我国五大牧区之一。据调查，1980—1988 年青海省草地面积为 54700 万亩①，牧草地面积为 9967.66 万亩。其中可利用草地面积为 47400 万亩，可利用牧草地面积为 8304.74 万亩。青海省草原大多数分布于三江源和环青海湖地区，也是青海省畜牧业生产所在地。

青海省有 9 种草原类型，分别是：高寒干草原类、山地干草原类、高寒荒漠类、山地荒漠类、平原荒漠类、高寒草甸类、山地草甸类、平原草甸类和附带草地类。在各类草原中，高寒干草原类和高寒草甸类草场面积共 6048.79 万亩，占青海全省草原总面积的 60.9%，是青海省内天然草原

① 1 亩 = 666.6666667 平方米，1 公顷 = 15 亩。

的主要构成部分。按照中国草地资源划分标准[①][②]（中华人民共和国农业部畜牧兽医司，1994），青海省一、二等级优良草地面积占全省可利用草地面积的62.57%，主要分布在果洛州、玉树州、黄南州、海北州、海南州等牧区（青海省志·畜牧志，1985）。青海省草地牧草类型主要由禾本科、莎草科、菊科等组成。由于青藏高原地区气候冷凉，青海省70%草场产草量不到200公斤/亩，牧草植被高度低，但粗蛋白质、粗脂肪含量高，是饲养牲畜的优良饲料。

青藏高原生态环境脆弱，在人口增长、畜牧业发展、超载过牧和虫鼠害等多重影响下，青海省牧区草场大面积退化。历年青海省生态环境状态公报及《青海省第二次草地资源调查与研究》显示，2010年青海省退化草地面积占全省草地总面积的74.71%，草原超载率达87.81%。草原生态保护已上升至刻不容缓的程度。

二、青海省草原建设与利用历史

人类对草原的影响并不是短时期的。人类对草原的利用与保护伴随着畜牧业的发展而变化，因此，需要从历史角度追溯人类对青海地区草原的开发与利用。

1. 新中国成立前

原始社会至奴隶社会时期。青海省草原利用与保护可以追溯到新石器时期，距今4500年左右的马家窑文化和公元前2000年齐家文化出土文物均显示，4000年前青海地区先民已经开始在河湟地区饲养牛羊。此时，青海地区先民开始加大对草原的开发利用。距今约2710至3570年时，青海进入奴隶社会，西羌对草原开发利用的规模逐步扩大，《后汉书·西羌传》中记录，羌人“所居无常，依随水草，地少五谷，以产牧为业”。畜牧业生产用的围栏、

① 中国草地资源等级评价中，将草场质量划分为五等八级。五等为：一等草地优等牧草重量占60%以上，二等草地良等牧草占60%以上……以此类推。八级为：1级草地亩产鲜草800公斤以上，2级草地亩产鲜草600~800公斤……

② 中华人民共和国农业部畜牧兽医司，中国农业科学院草原研究所，中国科学院自然资源综合考察委员会. 中国草地资源数据. 北京：中国农业科技出版社，1994.

车毂、牛羊骨骼等出土文物显示，青海地区先民对草原的开发利用由来已久。卡约文化遗址、诺木洪文化遗址和辛店文化遗址的出土文物显示，当时的居民已开始大量用牦牛毛、羊毛、牛羊皮制成毛纺织品和皮制品。同时，由于临近周朝建址的原因，羌人从中原学习了农区牲畜管理方法和畜牧医学，西羌的畜牧业由此快速发展，牲畜数量迅速增多，这进一步加大了对青海地区草原开发利用的力度。

封建社会至新中国成立前。自秦朝以后，青海地区先民对草原的利用和开发活动越来越频繁。据《西宁府新志》记载，“青海周回千百里，水草丰美，宜畜牧，素号羌戎乐土”。至公元前 4 世纪末，由于丝绸之路改道西宁沿青海湖西上，《齐民要术》等中原畜牧技术传入，青海地区畜牧业得到繁荣发展。利用草原丰富而优良的牧草，吐谷浑人和隋炀帝都曾在青海草原开展马匹改良活动。至唐朝，由于军事需要，青海地区的草原主要用于养马。唐与吐蕃以日月山为界，开始“茶马互市”的商品交易。彼时的草原，不仅仅是居民的生活来源，更被当作国家重要的军事资源。宋代时期，青海省农区、牧区划分已显雏形，日月山以西被默认为游牧地区。但是关于青海地区草原资源的考察与记录，直到公元 1315 年才有记载。元代翰林潘昂霄的《河源志》是青海历史上最早的草原考察资料。明清时期，由于“茶马交易”“纳马制度”和马匹货币的替代作用，马仍是草原上最常饲养的牲畜。此时，青海农牧区划分明显，牧民对草原的开发利用远超前期。虽然在这一阶段，人类对于草原的利用与开发范围越来越广，但根据《边政考》记载，“西海水草丰美，蒙蕃人环居之，专务畜牧”，可以推断当时草场质量优良，人类对于草原的开发没有造成草原退化。辛亥革命后，马麒、马麟、马步芳统治青海，由于草头税、牲畜税、屠宰税、皮毛牙税等多种畜牧业税种的征收及对草原的过度利用，青海地区畜牧业羊毛产量和牲畜数量开始大幅下降，草原退化严重。

2. 新中国成立后

新中国建立后，青海省草原的利用与开发伴随畜牧业的发展与国家政策的转变而变化。首先，草原利用效率随着畜牧业生产关系与形式变化得到提升。通过1950年11月青海省牧区的轻税政策[①]、1951年实行的“三不两利”政策[②]、调高畜产品价格及发放牧业贷款等政策措施，在1949年至“一五”期间，青海省畜牧业得到了恢复和发展。1955年9月，中共青海省委在《第一次牧区区委会的总结报告》中提出“在自愿原则的基础上，按照当地牧民能够接受的适当的形式，有步骤地发展畜牧业的互助合作”。由于牧业合作社的建立，畜牧业生产效率得到提高，家畜改良、产羔成活率、牲畜疫病防治和牧群分区状况得到了很大改善，草原在集体制生产模式下发挥了应有效用。20世纪50年代后期，随着人民公社的兴起，畜牧业发展“大跃进”的浪潮席卷了牧区，草原利用效率虽然因为互助合作形式得到了提升，却在“大跃进”中遭到抑制。1954年，中共青海省委召开二届十一次全体会议，提出“牧区应以开荒为纲，开展大规模的垦荒运动”的政策指引。在此政策指导下，青海省各地牧区开始了大规模的草原垦荒运动。在草原垦荒运动中，草原被开垦为用于生产粮食、蔬菜、饲料的农田，由于青藏高原气候与资源条件的限制，大部分垦荒农田并没有获得应有收益。1958—1962年，青海省牧区开荒约572万亩冬春草场，由于种粮成本高、收益低，草原垦荒并不成功，牧区草原都遭到破坏，被垦草场弃耕达402万亩之多。20世纪60年代，人民公社体制和畜牧业经营管理中的错误开始被纠正。1961年《农村人民公社工作条例(修正草案)》提出牧区应该以畜牧业为主，畜牧业应该是牧区工作中心。同年青海省委会议也强调，牧区草原一律禁止开荒，已经开荒不能保收的土地要坚决弃农归牧。这一政策的调整使青海省部分草原得以恢复重建。到了20世纪70年代，在“农业学大寨”的政策导向下，青海省委、省革委提出了“牧业也要学大寨的群众运动”。“牧业学大寨”运动中，茶卡公社被树立为学习典型，其中一个主要经验就是“大搞草原建设”。在“学大寨”时期，通过种植人工

① 1950年11月，青海省人民政府批准牧业税征收暂行办法。在此暂行办法中，相比城镇地区与农业区，青海省对牧区畜牧业生产征税较轻，被称为“轻税政策”。

② 1954年7月，青海省人民政府针对新中国成立初期牧区人怕分牛羊、怕分草场的顾虑，提出“不斗不分，不划阶级”与“牧工牧主两利政策”，即“三不两利”政策。

草地，围建“草库伦”[1]，围栏草地内鲜草产量增加，植被多样性状况也得到改善，牲畜喜食的禾本科牧草有了显著增长，青海省草原建设有了长足发展。这一时期，青海省代表性的草原建设保护活动见表 3-1。

表 3-1　1950—2000 年青海省主要草原建设保护活动与政策汇总表

时间	草地建设保护活动	主要目标
1953 年至今	灭虫	每年进行草地蝗虫、草地毛虫灭治工作，保护草场牧草不受虫害损失
1960 年至今	灭鼠	每年进行高原鼠兔灭治与高原鼢鼠灭治工作，预防鼠害形成的黑土滩[2]
1960 年至今	灭毒草	每年进行棘豆、狼毒等毒草灭除工作，消除毒草对优质牧草的侵占及对牲畜的毒害
1960 年至今	轻中度退化草地治理	轻中度退化草地的鲜草产量只有未退化草场产量的 62.5%。其治理主要采用围栏封育、灭除毒杂草、草地施肥等综合技术措施
1969 年至今	重度以上退化草地治理	治理黑土滩。主要通过多年生人工草地建设或半人工草地建设，结合撒播多年生禾本科牧草和老芒麦等牧草籽，配合防虫、鼠、毒草手段，提升鲜草产量与牧草高度
1962 年、1963—1965 年、1979 年	整治缺水草地 平整弃耕地	1962 年 10 月对弃耕地调查并开展平整工作；1963 年，铺设河卡至塔拉滩输水管道；1963—1965 年，平整弃耕地 59.07 万亩；1979 年，收回退农还牧土地 42 万亩
1970—1980 年	“四配套”建设	20 世纪 70 年代初，青海省开始在牧区开展以人工种草、牲畜棚圈、牧民定居房屋与草场围栏相结合的“四配套”建设，改善畜牧业生产条件
1981 年	草场围栏改造	青海省开始推广高强度镀锌钢丝网围栏
1983 年至今	草原防火工作常规化	1983 年起，《青海省草原管理试行条例》正式规定：每年 10 月 1 日至次年 4 月 30 日是青海省草原防火期。1989 年，省政府将草原防火期改为每年 10 月 1 日至次年 5 月 31 日
1983 年	政策法规	青海省人民政府颁布《青海省草原管理试行条例》

① 1974 年，青海省畜牧局赴内蒙古自治区学习建设“草库伦”经验。所谓的“草库伦”就是草圈子，是将建筑材料或打土墙把草地围起来，用于产羔或备灾的一种草地划区建设设施。

② 黑土滩，是青藏高原独特的自然条件下，高寒草甸草地原生植被退化为次生杂毒草草地或秃斑裸地的俗称，学术名称为“黑土型退化草场”。黑土滩的扩大蔓延，不仅破坏了高寒草甸的生态环境，而且制约青海畜牧业的持续发展。

续表

时间	草地建设保护活动	主要目标
1988 年 3 月	政策标准	青海省标准局颁布《扣环式镀锌钢丝网围栏标准》，规范草场围栏建设
1989 年	政策法规	颁布青海省实施《中华人民共和国草原法》细则
1990 年	政策法规	发出“关于严格开垦草原审批手续的通知”和《青海省草原监理工作条例》

进入新世纪后，青海省草原保护与治理工作进入了一个新阶段，治理草原退化、改良牧草、加快人工饲草地建设、采用生态补偿手段是此阶段的主要内容。2000 年，青海省开展了牧草种子基地建设项目，建成中旱生禾本科牧草种子繁育基地、同德高寒牧草良种繁育基地和湟中县良种燕麦繁育基地。从 2001 年起，青海省开始在环湖带牧区实施“无鼠害示范区”建设项目，建成了省内“地面无鼠害”示范区。同时，始于 20 世纪的牧民定居工程、草场围栏建设、牲畜棚圈改造工程、饲草料基地建设的“四配套”建设仍在继续。由于国家对草原生态保护的重视，从 2003 年起我国开始执行第一个草原生态补偿项目，即“退牧还草”工程。首先在三江源地区实施“退牧还草”工程，三江源地区核心生态保护区内的五万多牧民进行整体移民搬迁，定居于统一安置的“移民村”，中度以上退化草场也实施了减畜、季节性休牧、禁牧等措施。“退牧还草”工程实施后，三江源地区牧民的生活条件明显得到改善，畜牧业生产方式逐步转换，草场退化趋势逐渐得到遏制。表 3-2 显示了 1980—2008 年，草原生态补奖政策实施前青海省牧区草原退化情况。

表 3-2　1980—2008 年青海省牧区草原退化情况一览表

时间	草原面积（亿亩）	退化草场（万亩）	退化草场占草原面积比(%)	重度退化草场（万亩）	中度退化草场（万亩）	轻度退化草场（万亩）	牧区人均草场面积（亩）
1980 年	5.79	9286.46	16.04	1392.97	5571.88	2321.62	1064
2000 年	5.47	49146.69	89.85	6534.49	18583.33	24028.87	925
2008 年	5.47	42660	77.99	7082.67	11748.37	23828.96	745

数据来源：《2010 年青海省草原监测报告》。

2011 年，青海省开始实行第二个全国性草原生态补偿项目——“草原生态保护补助奖励机制”项目（本书简称“草原生态补奖政策”）。在 2011—2015 年第一轮政策实施周期，青海省实施草原禁牧 0.16 亿公顷，推行草畜平衡 0.15 亿公顷，落实补奖资金 19.47 亿元，减畜 570 万羊单位。2016 年进入第二轮政策实施周期，即草原生态补奖政策实施期，通过设立草原生态管护员岗位，继续实施禁牧和草畜平衡政策，加大对禁牧和超载过牧行为的监管力度，使得草原生态保护与补贴补偿机制化、常态化。

从青海省草原的保护史可以看到，随着经济发展与时代进步，草原保护工作伴随着畜牧业生产方式的转变发生了转变，草原保护行为由个人行为、集体行为向国家行为转变，草原保护政策从宏观指导到微观实施呈现出常态化、制度化特点。

第二节　青海省草原生态补奖政策发展历程

青海省从 2011 年起实施草原生态补奖政策，政策范围覆盖省内六州、两市、四十二个县，政策对象为农区和牧区承包草场的牧户。为保证政策落到实处，在草原生态补奖政策实施前，青海省政府对省内草原情况、牲畜情况、牧户情况、社会经济状况及各地历史资料数据进行了前期收集与摸底。目前，草原生态补奖政策已进行至第二轮政策实施周期。具体来看，青海省草原生态补奖政策经历了以下发展历程。

一、补奖政策前导期（2003—2010 年）

20 世纪 80 年代，青海省牧区开始逐步实施草场承包制。草场承包制的出现，使得牧区畜牧业集体经营模式开始向家庭分散经营模式转变。在这种转变中，最明显的标志是草场使用权与承包权通过支付承包费用的方式转移至牧户。在新政策影响下，牲畜不再由村集体统一管理，“如何使用草场”不再由村集体决定，草场利用与牲畜养殖由牧民单独决策。在新政策冲击下，作为“理性经济人”，牧民饲养牲畜除了满足家庭生活需要与情感归属需要外，还有盈利与提升收入的需要。同时，我国开始加强改善牧民生活质量工作力度，游牧民定居工程开始逐步实施。伴随着草场相对固定与住所的稳定，牧户“游牧式”的生产活动减少，草地过牧的情况非常普遍。在调研中，多位年龄在50岁以上的受访对象表示，在他们幼年时期，当地草场植被高度、生态状况远远好于近些年。调研中，玉树州的牧民才仁回忆说：“我于1965年出生，记得在我上小学的时候，羊全部由生产队统一牧放，草场里草长得高又密，羊个头也大。现在草矮得很，羊个头也小”。根据走访对象的描述与青海省草原监测数据可以看到，在人类活动与自然鼠害等原因的影响下，青海省草原在20世纪80年代出现退化现象。

草原退化形势日益严峻，退牧还草工程自2003年开始在青海省实施。退牧还草工程是青海省重要的草原生态补偿项目，也是草原生态补奖政策的“前导政策”。在退牧还草工程的实施初期，青海省划定玉树州和果洛州为退牧还草政策实施地区，后将政策实施范围扩大到海南州、海西州、海北州等地的20个县。青海省政府主要通过生态移民、减畜、季节性休牧等措施来实施政策，遏制天然草原退化。如迁移三江源核心保护区及海拔4500米以上的大部分牧户，实行长期禁牧；对海拔4000米左右地区的草场实施减畜禁牧、围栏封育、季节性休牧和划区轮牧措施；对退牧还草工程区内草原开展围栏建设项目，对草场恶化严重地区进行牧草良种改良和草原补播工作，并发放饲料粮补助。《2010年青海省草原监测报告》显示，青海省共有1亿亩草地成功退牧还草，天然草原生态得到了改善。

2010年11月26日，《农业部关于进一步加强草原工作的意见》印发，意见中明确提出要扎实推进和完善草原家庭承包经营制度、严格落实草畜平衡制度，这为草原生态补奖政策的实施奠定了基础。2010年12月31日，《财政部 农业部关于做好建立草原生态保护补助奖励机制前期工作的通知》要求各地政府做好草原生态保护补助奖励机制的前期工作。通过这些前期工作，制定了草原生态补奖政策运行的基本规则，如划定禁牧区域、核定草原载畜量、核定牧户数量等，界定了草原生态补奖政策的实施对象；推进草原承包、落实草原基本制度等工作为草原生态补奖政策的实施奠定了制度基础；搜集整理本底资料和建立电子档案管理系统等工作为草原生态补奖政策的长效实施提供了保证。

在退牧还草工程的推动下，我国草原生态环境加速恶化的形势得到了遏制，但是由于草地承载能力持续下降、草地畜牧业效益低、生产经营方式老化，农牧民增收难的问题仍没有得到解决，我国决定将草原生态补偿项目作为一项长效机制，长期实施，用以解决草原退化引发的生态恶化、畜牧业发展、农牧民增收问题。

二、补奖政策第一轮实施期(2011—2015 年)

2011—2015 年，青海省开始实施第一轮草原生态补奖政策。在草原生态补奖政策实施的第一轮政策周期内，为了让政策落到实处，自 2011 年起，青海省政府开展了多项关于草原生态补奖政策实施的配套工作。这些配套工作以农业部草原生态补奖政策前期工作为依据，以国家大政方针为导向，通过紧密围绕“界定政策对象，奠定制度基础和形成系统化管理”三方面实施。在政策第一轮实施周期内，青海省政府按照中央相关政策意见颁布了多项政策法规(表 3-3)。

表 3-3　青海省第一轮政策实施周期内颁布的草原生态补奖政策与法规一览表

主题	颁布机构	颁布时间
关于印发《青海省落实草原生态保护补助奖励机制前期工作方案》的通知	青海省人民政府办公厅	2011 年 1 月 28 日
关于成立青海省落实草原生态保护补助奖励机制工作领导小组的通知	青海省人民政府办公厅	2011 年 2 月 21 日
青海省草原生态保护补助奖励机制实施意见(试行)	青海省人民政府办公厅	2011 年 9 月 28 日
青海省草原生态保护补奖机制宣传工作方案	青海省委宣传部、青海省农牧厅	2011 年 12 月 5 日
青海省草原生态管护员管理暂行办法	青海省农牧厅、青海省财政厅、青海省人力资源和社会保障厅	2012 年 9 月
青海省天然草原禁牧和草畜平衡管理暂行办法	青海省农牧厅、青海省财政厅	2012 年 1 月 16 日

续表

主题	颁布机构	颁布时间
青海省牧草良种补贴管理暂行办法	青海省农牧厅、青海省财政厅	2012 年 1 月 16 日
青海省草原生态保护补助奖励资金管理办法	青海省财政厅、青海省农牧厅	2012 年 2 月 28 日
青海省草原生态保护补助奖励资金绩效评价办法	青海省财政厅、青海省农牧厅	2013 年 4 月 28 日
关于加快推进全省草原生态保护补奖机制工作落实的通知	青海省农牧厅	2012 年 7 月 31 日
关于落实 2012 年草原生态保护补助奖励机制有关问题的通知	青海省农牧厅	2012 年 9 月 17 日
关于印发青海省草原生态保护补助奖励机制档案管理办法的通知	青海省农牧厅	2013 年 12 月 31 日

青海省第一轮草原生态补奖政策实施呈现出以下三阶段特点：

第一阶段（2011 年）：前期准备与启动期。2011 年 9 月，青海省全面启动草原生态补奖政策。为了打好草原生态补奖政策的实施基础，青海省于 2011 年 1 月就开始着手落实草原生态补奖政策的前期工作。这些前期工作包括落实牧户草原承包情况、将禁牧草原分解到户、落实基本草原划定工作、核定草原载畜量、核实各地牧户数量、搜集整理各地自然经济社会环境资料。由于草原生态补奖政策涉及牧户补奖补贴，青海省对现有草原承包状况进行了详尽调查，依据《青海省草原承包法》和《完善草原承包工作实施方案》，对未承包草原尽快承包到户，对于已承保到户草原全面核实。这些前期准备工作为青海省草原生态补奖政策的顺利落实打下了良好的基础。

第二阶段（2011—2013 年）：政策减畜期①。省内中度以上退化天然草场要实施禁牧，牧区畜牧业生产用天然草场减少，因此根据科学评估得出的草地荷载量，青海省计划在 2011—2013 年核减超载牲畜 570 万羊单位，减畜比例为 2011 年 40%、2012 年 40%、2013 年 20%。在政策减畜初期，大部分牧户通过销售出栏牲畜，实施第一步减畜。随后，在进一步的减畜

① 减畜是指减少草地放牧牲畜单位。

工作中，政府通过发放禁牧补助和平衡奖励补贴，引导牧户将放牧转变为舍饲和半舍饲来实施减畜。此外，三江源地区通过生态移民项目，减少畜牧业劳动人口，实施减畜。同时，通过运用“牧区繁育，农区育肥”畜牧业产业发展新模式，动态调整牧区牲畜数量，促进畜牧业规模化养殖，实现区域内减畜。

第三阶段（2014—2015 年）：政策平稳运行期。伴随草原生态补奖政策相关政策指导意见的落地，草原生态补奖政策在 2014—2015 年进入了常规化、评价化、稳定化运行阶段。在此阶段内，由于青海省草原生态保护补助奖励资金绩效评价办法的出台及减畜工作的实施，牧户舍饲和半舍饲养殖方式的改变，牧民已适应了减畜要求，了解了政策目标，转变了生产观念，明确了禁牧与草原平衡做法。从牧户访谈结果来看，牧户对草原生态补奖政策已从最初的不适应转变为了习惯。所以此时期被称为草原生态补奖政策平稳运行期。

三、补奖政策第二轮实施期（2016—2020 年）

青海省从 2016 年开始实施第二轮草原生态补奖政策，新一轮补奖政策实施涉及4.74 亿亩可利用天然草原，牧区 21.54 万牧户①。相比较第一轮政策实施周期，第二轮政策实施周期主要呈现以下特点。

第一，补贴种类和标准有所变化。在新一轮政策实施中，取消了畜牧良种补贴、牧草良种补贴和生产性综合补贴，提高了禁牧补助和草畜平衡奖励标准。其中，新禁牧补助标准在国家 7.5 元/亩②的新标准下，继续采用差别化方式，在各州各地原有禁牧补贴标准的基础上，采用同比例调整的方式发放。发放标准为果洛州、玉树州 6.4 元/亩，海南州、海北州 12.3 元/亩，海西州 3.6 元/亩，黄南州 17.5 元/亩。草畜平衡奖励标准由 1.5 元/亩增加至 2.5 元/亩，每亩 1 元补贴增量作为牧户或合作社的绩效考核奖金，考核合格后可发放。

---

① 2011 年青海省牧区人口普查，全省共有牧户 79.97 万人。

② 1 亩 = 666.67 平方米。

第二，创新性地将草原保护工作与精准扶贫工作相结合。2012 年，青海省率先在全国范围内设置草原生态管护员。草原生态管护员的主要工作是负责禁牧区巡查，配合相关部门开展草原保护与建设工作，宣传政策与草原保护相关知识。截至 2017 年，青海省有 10.45%的牧户家庭共计 42778 人被纳入草原生态管护员岗位，其中 71%为建档立卡贫困户。三江源地区的生态移民，基本上每户有 1 人被纳入了管护员岗位。管护员人均年补助 2 万余元。通过草原生态管护员岗位的设置，牧户家庭收入得到提升，牧户从草原资源消耗者转变为草原保护者，同时也提升了扶贫工作的精度。

第三，全面推行草原生态补奖政策绩效考核管理。自 2011 年起，伴随着草原生态补奖政策的推进，政策落实问题开始逐步显现。较突出的问题是部分地区补奖补贴的发放并没有同草原保护效果挂钩，草原管护员工作力度不够，乡县一级对草原禁牧、限牧的监管力度不够。针对以上问题，2015 年青海省在海北州试点推行草原生态补奖政策四级绩效管理，即实施乡(镇)、村(牧)委会、草原管护员及牧户四级绩效考评体系。2016 年，四级绩效管理体系在青海省逐步推行。青海省实施政策绩效考核管理的方法为：对牧户的绩效考核，70%补奖补贴先通过“一卡通”发放给牧户，剩余 30%补奖补贴则在考核合格后兑现。若考核不合格，扣减的补贴将用于村级基础设施建设，奖励突出个人。在政府层面，通过层层考核，确定政府绩效成绩，使得补贴与保护效果紧密联系。特别在第二轮政策实施中，草畜平衡奖励每亩 1 元的增量资金全部用于绩效考核奖励。通过绩效管理，牧户加强了草原保护意识，地方政府提高了对草原生态保护工作的积极性，明确了牧民与政府在草原保护中的责任。就草原生态补奖政策周期而言，第二轮政府实施周期是第一轮政府实施周期的再执行期，因此，与草原生态补奖政策相关的法规主要在第一轮政策实施周期制定。第二轮政策实施周期的相关政策与法规主要起补充作用，具体详见表 3-4。

表 3-4　青海省第二轮政策实施周期内颁布的草原生态补奖政策与法规一览表

主题	颁布机构	颁布时间
关于加强草原行政审批事项中技术评审及现场查验环节管理的通知	农业部畜牧业司	2016 年 4 月 18 日
关于印发新一轮草原生态保护补助奖励政策实施方案的通知	青海省财政厅 青海省人民政府办公厅	2016 年 10 月 20 日
《青海省生态环境保护工作责任规定(试行)》	中共青海省委办公厅 青海省人民政府办公厅	2017 年 3 月 8 日
《青海省生态文明建设目标评价考核办法(试行)》	中共青海省委办公厅 青海省人民政府办公厅	2017 年 3 月 8 日
《青海省党政领导干部生态环境损害责任追究实施细则(试行)》	中共青海省委办公厅 青海省人民政府办公厅	2017 年 7 月

综上所述，对比第一轮与第二轮政策周期，有以下变化：①第二轮政策周期目标更加具体，可执行性更强；②第二轮政策周期任务发生变化，“减畜”不再实施；③政策覆盖牧户数量变化显著，第一轮政策周期共覆盖 17.2 万牧户(74 万牧民)，第二轮政策周期共覆盖 21.54 万牧户(79.97 万牧民)，可知在草原生态补奖政策实施后，牧户增加比例远远高于牧民增加比例，可能原因是补贴发放方式造成了牧户分家；④两轮政策周期内，补奖标准与补奖内容发生变化，第二轮政策周期取消了生产性综合补贴与畜牧良种补贴，提升了禁牧补助与草畜平衡奖励。

第三节　青海省草原生态补奖政策实施现状

一、目标与任务达成度

自 2011 年以来，青海省通过限制牧户草地超载过牧行为，鼓励牧户进行草畜平衡式放牧，发放禁牧补贴与草畜平衡奖励等一列政策措施，积极实施草原生态保护补助奖励政策。据《新一轮草原生态保护补助奖励政策实施方案(2016—2020 年)》，2011—2015 年，青海省累计发放草原生态补奖补贴 97.36 亿元，累计获得国家绩效考评奖励资金 11.32 亿元；省内有 1633.33 万公顷天然草场实现禁牧，1526.67 万公顷天然草场基本实现草畜平衡；有 3 万公顷人工草地覆盖了牧草良种补贴，全省 570 万超载羊单位被有效核减。根据《2016 年青海省草原监测报告》，青海省海南州、海北州、海西州、黄南州、果洛州、玉树州天然草原的平均产草量、植被平均盖度、植被平均高度比政策实施前分别提高了2.5%、3.4%与5.9%，成功地遏制了草原生态整体恶化的趋势，基本达成政策实施的初期设置目标。

二、实施手段

草原生态补奖政策已实施至第二轮周期，政策实施手段都紧紧围绕补奖政策目标与任务展开，即通过向牧户发放禁牧补助和草畜平衡奖励，限制牧户在中度以上退化草地放牧，鼓励牧户按照草畜平衡原则开展放牧生产；同时，通过引导牧户转变生产行为，改善青海省草地退化现状，推动青海省畜牧业生产方式转型，提升农牧民收入。

具体来看，草原生态补奖政策紧紧围绕如何实施和如何补偿两个方面执行。“如何实施”即采用什么样的手段实施禁牧和草畜平衡政策；“如何补偿”即实施禁牧和草畜平衡政策后，如何确定补偿标准，对牧民实施补偿。

对比第一轮与第二轮政策实施周期实施手段(表 3-5 和表 3-6)可以发现，政策实施方式变化不大，补偿标准变化较大。在新一轮政策中，畜牧良种补贴、牧草良种补贴和生产资料综合补贴被取消，禁牧补助和草畜平衡奖励标准被提高。以禁牧补助为例，牧区各地禁牧补助的标准都有提高，其中玉树州和果洛州补助增幅最高，为 28%，海西州补助增幅最低，为 20%。此外，由于政策补贴种类发生变化，政策实施手段也存在差异。与第一轮补奖政策相比，第二轮禁牧补助和草畜平衡奖励的实施方式更侧重于补充第一轮政策不完善之处。

表 3-5　2011—2015 年青海省草原生态补奖政策实施手段

具体政策	实施方式	补偿标准
禁牧补助	以村和牧户为单位，对中度以上退化天然实施禁牧封育。 以“标准亩”为基础标准，根据各州禁牧草原面积和标准亩系数，确定各地禁牧补贴标准	玉树州、果洛州 5 元/亩，海北州、海南州 10 元/亩，黄南州 14 元/亩，海西州 3 元/亩
草畜平衡奖励	对禁牧区以外草原实施草畜平衡管理。 根据核定理论载畜量，核减牲畜	对履行草畜平衡义务的牧户发放每年 1.5 元/亩奖励
牧民生产补贴政策	发放畜牧良种补贴，以牦牛种公牛、种公羊活体补贴方式，对购买良种牲畜的牧户进行补偿	牦牛 2000 元/头，藏绵羊 800 元/头，绒山羊 800 元/头
	发放牧草良种补贴，采取项目管理或直补牧户方式，将牧草良种以实物形式补贴给牧户	多年生人工牧草 50 元/亩·年，一年生人工牧草 10 元/亩·年
	发放牧户生产资料综合补贴	500 元/户
建立绩效考核奖励制度	对各地补奖政策的落实情况、草原生态的保护效果、补奖资金的使用及配套政策的落实进行考核	奖优惩劣

表 3-6　2016—2020 年青海省草原生态补奖政策实施手段

具体政策	实施方式	补偿标准
禁牧补助	对禁牧草场继续实施禁牧；同时根据实际情况采取“集中禁牧”式或“插花”式禁牧。 在第一轮各州原禁牧补助测算标准下，采取同比例调标的方法，综合考虑确定各州测算标准。 对禁牧区以外草原实施草畜平衡管理	玉树州、果洛州 6.4 元/亩，海北州、海南州 12.3 元/亩，黄南州 17.5 元/亩，海西州 3.6 元/亩
草畜平衡奖励	引导牧区平衡草场内采取季节性休牧和划区轮牧方式；引导牧户转变畜牧业生产方式；引导半牧区和农区大力发展饲草料产业，提高规模化养殖比重	对履行草畜平衡义务的牧户发放每年 2.5 元/亩奖励
建立健全绩效考核奖励制度	对各地补奖政策的落实情况、草原生态的保护效果、补奖资金的使用及配套政策的落实与增量资金发放挂钩。 根据牧民意愿，引导牧户将补奖补贴折股进入生态畜牧业合作社	对于不履行禁牧或草畜平衡义务的牧户，停发或扣发相应资金，直至整改合格

三、实施范围与资金投入状况

青海省草原生态补奖政策的实施对象是拥有草场的牧户，实施范围是全省牧户。2011—2015 年，青海省每年可获得国家草原生态补奖政策投入资金 19. 47 亿元。其中，禁牧补助(贴)金额为 14. 37 亿元，平衡补贴为 3. 43 亿元，牧草良种补贴为 0. 45 亿元，牧民生产资料综合补贴为 0. 86 亿元。2016—2020 年，青海省每年可获得下拨草原生态保护补奖资金 24. 1323 亿元。2016 年，青海省共有 47435. 3 万亩草场实施草原生态补奖政策，其中禁牧面积为 24547 万亩，草畜平衡面积为 22888. 3 万亩(表 3-7)。由于西宁市与海东市是农业区，无禁牧草场，因此只发放草畜平衡奖励；海南州、海北州、海西州、黄南州、玉树州、果洛州是青海省牧区，2016 年共有 47435. 3 万亩草原被纳入政策实施范围。各地政策落实面积与获得资金补贴见表 3-7。

表 3-7　2016 年青海省补奖资金配置表

地区	落实政策草原面积（万亩）	实施禁牧			实施草畜平衡			资金合计（万元）
		面积（万亩）	标准（元/亩）	补助资金（万元）	面积（万亩）	标准（元/亩）	奖励资金（万元）	
海北州	3578. 8	1180	12. 3	14514. 0	2398. 8	2. 5	5997. 0	20511. 0
海南州	5092. 0	2778	12. 3	34169. 4	2314. 0	2. 5	5785. 0	39954. 4
海西州	10972. 7	4200	3. 6	15120. 0	6772. 7	2. 5	16931. 7	32051. 7
黄南州	2367. 0	1341	17. 5	23467. 5	1026. 0	2. 5	2565. 0	26032. 5
果洛州	9382. 8	5671	6. 4	36494. 3	3711. 8	2. 5	9279. 6	45773. 9
玉树州	14355. 0	9382	6. 4	60333. 7	4991. 0	2. 5	12445. 0	72778. 7
青海省	47435. 3	24547	7. 5	184098. 9	22888. 3	2. 5	57224. 1	241323. 0

第四节　青海省草原生态补奖政策实施效果分析

衡量公共政策效果的尺度往往用效益和有效性表示(成立，2018)。本节对草原生态补奖政策实施效果进行分析，目的在于判断该政策对畜牧业发展及牧户增收的促进作用。公共政策实施效果分析包含政策效益分析与政策运行有效性分析。政策效益分析通常是从社会效益、经济效益与生态效益三方面展开；政策运行有效性分析是从投入—产出角度展开，即政策执行成本—收益分析或政策运行效率分析。本节对草原生态补奖政策效果的研究分为政策效益分析（生态效果分析、经济效益分析、社会效益分析）和政策运行效率分析。其中，草原生态补奖政策效益分析采用描述性统计与对比分析法，草原生态补奖政策运行效率分析采用数据包络分析法。

一、政策效益分析

1. 生态效果分析

在草原生态补奖政策实施的6年来，青海省牧区的草原总体退化情况得到了有效改观，禁牧草场和草畜平衡草场的生态状况整体好转，草原生态补奖政策的生态改善效果显著。《2016年青海省草原监测报告》显示，青海省天然草原的产草量、草原综合植被盖度、草原植被平均高度及草原植物种类在政策实施前后变化显著，表3-8显示了青海省牧区草原在政策实施前后生态变化指标的变化。

表3-8　草原生态补奖政策实施前后草原监测指标变化表

地区	天然草原产草量增长率(%)	可食草产量增长率(%)	草原综合植被盖度增长率(%)	草原植被平均高度增长率(%)	草原植物种类增长率(%)
海西州	18.65	16.58	2.62	39.13	18.18
海北州	4.16	1.65	5.44	1.06	4.55
黄南州	15.35	9.62	1.69	12.39	34.42
果洛州	80.94	37.00	4.62	1.65	10.49
海南州	8.48	20.24	10.79	20.51	27.27
玉树州	17.90	24.68	1.96	43.10	20.41
全省	19.80	19.62	1.58	5.65	11.24

第一，天然草原产草量。天然草原产草量是衡量草原生态是否得到改善的重要指标之一，尤其是可食草产量直接反映了牧户放牧的生产潜力。

《2017 年青海省草原监测报告》显示：海西州天然草原总产草料由政策实施初的 1659. 21 千克/公顷增长至 1968. 6 千克/公顷，可食草产量由补奖政策前的 1617. 81 千克/公顷增长至 1886. 03 千克/公顷；海南州天然草原总产草料由政策实施初的 2881. 2 千克/公顷增长至 3125. 4 千克/公顷，可食草产量由补奖政策前的 1729 千克/公顷增长至 2079 千克/公顷；海北州天然草地总产草料由政策实施初的 4340 千克/公顷增长至 4520. 66 千克/公顷，可食草产量由补奖政策前的 3975 千克/公顷增长至 4040. 75 千克/公顷；黄南州天然草原总产草量由政策实施初的 3975 千克/公顷增长至 5109. 38 千克/公顷，可食草产量由补奖政策前的 3611. 97 千克/公顷增长至 3959. 22 千克/公顷；果洛州天然草原总产草料由政策实施初的 2695. 4 千克/公顷增长至 4877. 13 千克/公顷，可食草产量由补奖政策前的 2875. 78 千克/公顷增长至 3939. 93 千克/公顷；玉树州天然草原总产草料由政策实施初的 2542 千克/公顷增长至 4877. 13 千克/公顷，可食草产量由补奖政策前的 1779 千克/公顷增长至 2218 千克/公顷。其中，果洛州天然草原产草量、可食草产量增长幅度最大，海北州增长幅度最小(图 3-1)。天然草原产草量的提升意味着草地承载力的增加。全省天然草原总产草量由政策实施初的 3091. 22 千克/公顷增长至 3703. 18 千克/公顷，可食草产量由政策实施初的 2515. 34 千克/公顷增长至 308. 93 千克/公顷。

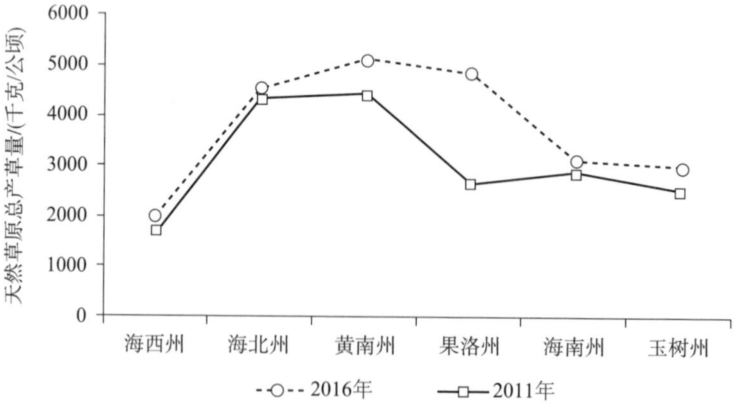

图 3-1　草原生态补奖政策实施前后总产草量对比

第二，草原综合植被盖度。植被盖度指“植物群落总体或个体的地上部分的垂直投影面积与样方面积之比的百分数”（邹军，2012）。植被盖度越高说明草原裸露地越小，草原抗风沙和防水土流失能力越强。对比草原生态补奖政策实施初期和2017年草原监测数据可知：在草原生态补奖政策实施后，海西州草原综合植被盖度由58.47%提高至60.00%；海北州草原综合植被盖度由60.30%提高至63.58%；黄南州草原综合植被盖度由78.86%提高至80.19%；果洛州草原综合植被盖度由65%提高至68%；海南州草原综合植被盖度由72.3%提高至80.1%；玉树州草原综合植被盖度由81.8%提高至83.4%（图3-2）。

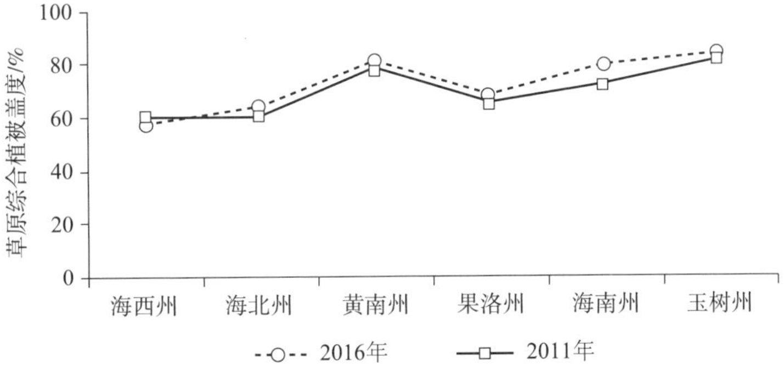

图3-2　草原生态补奖政策实施前后草原植被盖度对比

第三，草原植被的平均高度。草原植被平均高度是各种植被群落高度的平均值。青海省牧区各地由于气候海拔差异较大，因此草原植被平均高度存在显著差异，如玉树州、黄南州的草原植被平均高度远远低于海西州、果洛州等地。2017年青海省草原监测数据显示：海西州草原植被平均高度由政策实施初期的17.25厘米增长至24.00厘米；海北州草原植被平均高度由政策实施初期的11.33厘米增长至11.45厘米；黄南州草原植被平均高度由政策实施初期的12.35厘米增长至13.88厘米；果洛州草原植被平均高度由政策实施初期的17.00厘米增长至17.28厘米；海南州草原植被平均高度由政策实施初期的11.7厘米增长至14.1厘米；玉树州草原植被平均高度由政策实施初期的5.8厘米增长至8.3厘米。2017年全省草原植被平均高度由13.98厘米增长至14.77厘米。从草原植被平均高度的增长率来看，玉树州和海西州植被平均高度增长率位居全省之首（图 3-3），分别为 43. 10%和 39. 13%，草原植被高度增加使得草原生态稳定性更强，草原生产力得到增长。

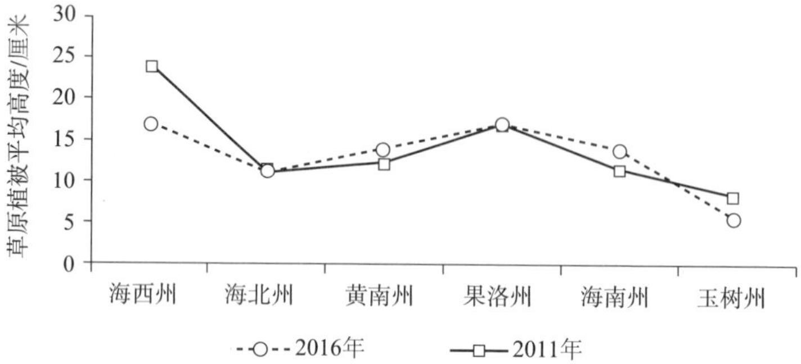

图 3-3　草原生态补奖政策实施前后草原植被高度对比

第四，草原植被种类数目。从检测数据来看，青海省牧区各地的草原植被种类都有增长，这反映了草原生态多样性的提升。海南州草原植被种类由政策实施初期的 11 种增加至 13 种；海北州草原植被种类由政策实施初期的 22 种增加至 23 种；黄南州草原植被种类由政策实施初期的 10. 11 种增加至 13. 59 种；果洛州草原植被种类由政策实施初期的 16. 20 种增加至 17. 90 种；海南州草原植被种类由政策实施初期的 11 种增加至 14 种；玉树州草原植被种类由政策实施初期的 9. 8 种增加至 11. 8 种，全省草原植被种类平均由政策实施初期的 13. 35 种增加至 14. 85 种。其中，黄南州草原植被种类增长速度远远高于其他地区（图 3-4），这表明伴随着生物多样性的提升，当地草原生态功能正逐步增强，草地生态正在朝健康方向发展。

综上所述，草原监测数据表明，在草原生态补奖政策实施期间，随着禁牧措施和草畜平衡措施的落实，牧区各地草原生态正在逐步恢复，草原承载能力、防风固沙能力、生物多样性、草原稳定性都在不断增强增大。其中，天然草原产草量增速最快的为果洛州，牧草产量增速最快的为玉树州，草原综合植被盖度增速最快的为海南州，草原植被平均高度增速最快的为玉树州，草原植被种类增长率最高的为黄南州。草原生态补奖政策的生态效果显著。

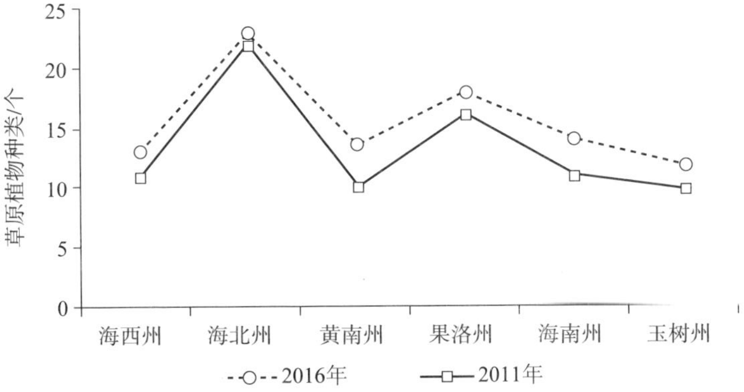

图 3-4　草原生态补奖政策实施前后草原植被种类对比

2. 经济效益分析

草原生态补奖政策的经济效益体现在宏观与微观两方面。宏观经济效益表现为畜牧业经济效益，包括畜产品增长率、牲畜存栏出栏变化、畜牧业产值增长率；微观经济效益体现为牧户经济效益，包括牧区牧户人均可支配收入变化与收入结构变化。以下从畜产品增产效益、畜牧业产值增收效益、牧民增收效益进行分析。

(1)畜产品增产效益分析。

畜牧业增产效益分析可通过畜产品变化来观测。青海省牧区主要畜牧产品包括羊毛、奶类、牛羊肉，对比草原生态补奖政策实施前与现有畜产品与牲畜存栏出栏数据，畜产品产量有以下变化(表 3-9)。

表 3-9　草原生态补奖政策实施前后畜产品变化率　　单位:%

地区	羊毛产量变化率	奶类产品产量变化率	肉羊存栏量变化率	肉用羊出栏量变化率	肉用大牲畜存栏量变化率	肉用大牲畜出栏量变化率	羊肉产量变化率	牛肉产量变化率
海北州	1.44	12.16	-0.07	27.54	0.18	30.99	38.86	32.42
黄南州	23.38	8.47	-15.71	11.20	1.37	-1.31	19.82	17.67
海南州	12.05	11.36	0.76	9.04	0.00	-2.81	20.13	0.31
果洛州	-20.76	-8.18	-44.24	-25.46	-9.26	-22.67	-15.79	-15.43
玉树州	-63.14	8.91	-48.43	-17.54	41.58	0.85	-1.58	20.89
海西州	34.68	-5.86	7.76	13.09	0.50	16.20	25.28	48.19

数据来源：根据 2009—2016 年《青海统计年鉴》数据计算而得。

第一，羊毛产量。在草原生态补奖政策实施初期，青海省全省羊毛产量出现骤降后又缓步升高的态势。在2013年全省羊毛产量达到政策实施期内的最高值，但从2014年期羊毛产量开始下降。各牧区政策执行期内羊毛产量变化各不相同：海北州羊毛产量缓慢稳步增长；果洛州与玉树州羊毛产量大幅下降，尤其是玉树州，对比政策实施初期，羊毛产量降幅高达63.14%；海西州羊毛产量增幅较高，高达34.68%。政策的实施造成了牧区羊毛产量的波动性变化。

第二，奶类产品产量。在草原生态补奖政策的执行期内，青海省全省奶类产品产量稳步增长，但受政策影响，各牧区奶类产品产量变动迥异，海西州、果洛州奶类产量逐年递减，其他各地奶类产量稳步小幅增长，其中海北州奶类产量增幅最高，达到12.16%。

第三，牛羊肉产量。在草原生态补奖政策执行期内，青海省牛羊肉产量均呈增长态势，各牧区牛羊产量变动差异较大，其中牛肉产量增速超过羊肉。对比政策实施前后，海北州羊肉产量增幅最大，其次为海西州；果洛州、玉树州羊肉产量减少，其中果洛州羊肉减产幅度最高，与政策实施前相比，羊肉产量减幅高达15.79%。除果洛州外，其余各牧区州牛肉产量约实现增产，其中海西州牛肉产量增幅最大，达48.19%；海北州牛肉产量较政策实施前增产32.42%；果洛州牛肉产量减少15.43%。虽然草原生态补奖政策对牧区各地牛羊肉产量增产效应不同，但从总体来看，草原生态补奖政策的实施并没有影响牛羊肉供给。

第四，肉羊与肉用大牲畜存栏量、出栏量。2010—2016年青海省草饲畜存栏出栏数据显示，自2010年起，肉用大牲畜存栏量小幅增长，肉羊存栏量在2010—2015年逐年递减，肉用大牲畜与肉羊出栏量都逐年增加。从肉羊存栏量变化来看，海南州、海北州变化幅度很小；海西州、海南州肉羊存栏量增长；其余牧区州、县肉羊存栏量较政策实施前皆有减少，其中果洛州、玉树州肉羊存栏量减少幅度最大，接近50%。从肉羊出栏量变化来看，除果洛州和玉树州外，其余牧区各州县肉羊出栏量皆增长，其中海北州肉羊出栏量增长幅度最大。从肉用大牲畜存栏量来看，海西州、海北州、海南州、黄南州肉用大牲畜存栏量变化不大，玉树州肉用大牲畜存栏量较政策实施前增加了 41.58%，果洛州较政策实施前减少了 9.26%；而海北州和海西州肉用大牲畜出栏量较政策实施前增加，黄南州、海南州、果洛州肉用大牲畜出栏量较政策实施前有所减少，玉树州肉用大牲畜出栏量较政策实施前变化不大。自草原生态补奖政策实施以来，牧区草饲畜出栏量增加，以牛为代表的肉用大牲畜存栏数整体增加，肉羊存栏数整体减少。

综上所述，青海省整体上实现了“减畜不减肉”的草原生态补奖政策目标。草原生态补奖政策的实施并没有对牛肉、羊肉与奶类产品产量造成影响。分地区来看，果洛州、玉树州畜产品产量受政策影响程度最大，果洛州肉用牛羊存栏量与牛羊出栏量都有所减少，玉树州肉羊饲养规模有所减少但肉牛饲养规模增加。海西州肉羊存栏量增长了 7.76%，而羊毛产量增长 34.68%，羊品种已慢慢从肉用羊向肉毛用羊与毛用羊转变。可见，草原生态补奖政策的实施，改变了牧区牲畜饲养结构。在草地与饲料成本的限制下，牧户选择了收益比较大的牲畜品种进行饲养。

(2)畜牧业产值增收效益分析。

第一，青海省畜牧业产值及占比变化。自 2010 年起，青海省畜牧业产值与畜牧业产值占农林渔牧总产值的比例呈现整体下降、部分波动态势(表 3-10)，畜牧业产值对生产总值(GDP)的贡献逐步降低。由于政策效果存在时滞，2011—2016 年，草原生态补奖政策的实施对畜牧业产值的增收效应并没有立刻显现。2015—2017 年，畜牧业产值占生产总值的比例缓慢减弱，这表示政策对畜牧业产业调整和饲养方式转变所产生的效应已慢慢显现。

表 3-10　青海省畜牧业产值占比变化

占比类别	2010 年	2011 年	2012 年	2013 年	2014 年	2015 年	2016 年	2017 年
畜牧业产值占生产总值的比例(%)	7.51	7.14	7.24	7.44	7.34	6.55	6.44	6.97
畜牧业产值占农林渔牧总产值的比例(%)	50.39	51.7	51.95	50.89	51.65	49.61	48.91	50.26

数据来源：根据 2009—2018 年《青海统计年鉴》数据计算而得。

第二，牧区畜牧业产值与占比变化。草原生态补奖政策实施以来，各牧区畜牧业产值（表 3-11）及畜牧产业结构呈现阶段性变化。2011—2014 年，牧区各州畜牧业产值逐步增长，但 2015 年呈下降态势；2016—2017 年，牧区各州畜牧业产值又稳步增长。2017 年，牧区各州畜牧业产值变化差异显著。其中，黄南州、海南州、玉树州、海西州畜牧业产值减少，海北州、果洛州畜牧业产值增加。究其原因，2015 年是草原生态补奖政策第一轮政策周期总结年，为达到减畜目标，牧区各地在 2011—2013 年大幅度出栏牲畜。由于羊（牛）出栏需要三年（及以上），2015 年牲畜出栏量下降，因此出现畜牧业产值降低的状况。但自 2016 年起，牧区各地畜牧业产业调整措施效果逐步显现，畜牧业产值开始增长。

表 3-11　青海省牧区各州畜牧业产值　　单位：万元

年份	海北州	黄南州	海南州	果洛州	玉树州	海西州	全省
2010 年	96592	110453	163970	42414	154084	73203	1014535
2011 年	111007	125322	194318	47578	172902	95543	1193388
2012 年	132132	154074	221069	50905	190822	110803	1370758
2013 年	162919	178862	260644	54496	207868	123604	1579041
2014 年	170113	188057	273872	58515	211256	129397	1691371
2015 年	168523	187789	273669	58304	205756	128217	1583747
2016 年	177900	197000	324200	62500	262000	280900	1657165
2017 年	201990	192411	306711	63836	225842	158402	1829822

数据来源：根据 2009—2018 年《青海统计年鉴》数据计算而得。

从第一产业占 GDP 的比例进一步考察牧区各州的畜牧业变化，可知自草原生态补奖政策实施后，牧区各州第一产业产值占 GDP 比例变化各不相同。自 2011 年起，海北州第一产业产值占 GDP 比例开始下降，但在 2014 年又迅猛增长；黄南州与海南州第一产业占比持续下降；果洛州与玉树州第一产业占比较政策实施初期下降幅度较大；海西州第一产业占比较政策实施初期增长明显（表 3-12）。

表 3-12　青海省牧区各州第一产业占 GDP 的比例　　单位:%

年份	海北州	黄南州	海南州	果洛州	玉树州	海西州	青海省
2010 年	19.1	29.3	26.8	21.5	56.4	2.8	10.0
2011 年	15.2	29.8	26.0	18.6	51.52	2.8	9.3
2012 年	14.6	29.0	23.7	17.1	48.9	3.1	9.4
2013 年	14.8	28.9	25.1	17.6	46.9	3.6	9.9
2014 年	18.7	29.7	24.3	16.5	45.9	5.0	9.6
2015 年	17.8	27.0	22.3	16.5	42.5	6.1	8.6
2016 年	17.7	26.4	21.2	17.1	42.6	5.8	8.6

数据来源：2009—2017 年《青海统计年鉴》数据计算而得。

综上所述，相对于政策实施前，青海全省及牧区各州畜牧业产值增长显著，但畜牧业产值对 GDP 的贡献作用因为草原生态补奖政策的实施而下降。除海西州外，牧区各州第一产业占比均下降。可能原因是在草原生态补奖政策落地后，牧区禁牧草场增加，减畜数量大，转变牲畜饲养方式需要时间调整。以上状况符合草原生态补奖政策实施的预期结果，也体现了短期内政府对“生态优先”还是“经济优先”的坚定决心。

(3)牧民增收效益分析。

草原生态补奖政策实施后牧民增收效益可通过居民人均可支配收入情况考察。居民人均可支配收入主要由人均经营性收入、人均工资性收入、人均财产性收入和人均转移性收入构成。青海省牧户家庭可支配收入中，经营性收入是牧户销售牲畜及畜产品取得的收入，工资性收入指家庭成员外出就业获得的工资报酬，财产性收入指牧户通过出让财产使用权所获得的利息、草场转租租金等，转移性收入主要指牧户获取的亲友赠送金与政府各类补贴等。草原生态补奖补贴属于牧户转移性收入。

观测 2010—2016 年青海省农村居民人均可支配收入来源结构(表 3-13)可知，在草原生态补奖政策实施前后，青海省农村居民人均可支配收入结构发生显著变化。在政策实施前，人均家庭经营性净收入是家庭主要收入来源；政策实施后，人均家庭经营性净收入的比重不断下降，以补奖政策收入为主的人均转移性净收入占比已从政策实施初的 14.12%上升至

2016年的30.91%，成为农村家庭人均可支配收入的重要来源(表3-13)。

表3-13　2010—2016年青海省农村居民人均可支配收入占比变化表

地区	人均可支配收入（元）	人均工资性收入占比（%）	人均家庭经营性净收入占比（%）	人均财产性收入占比（%）	人均转移性净收入占比（%）
2010	3862.68	33.53	51.56	14.90	—
2011	4608.47	38.52	45.33	2.03	14.12
2012	5364.38	37.09	41.42	1.78	19.71
2013	6196.39	37.88	41.48	2.68	17.96
2014	7282.73	28.03	41.49	3.95	26.53
2015	7933.41	28.17	38.55	4.11	29.17
2016	8664.00	28.44	36.90	3.75	30.91

数据来源：根据2017年《青海统计年鉴》计算而得。

以上说明，草原生态补奖补贴已经成为牧户家庭收入的重要组成部分。在第一轮草原生态补奖政策周期，政策范围内农牧民人均年补奖收入为2855元；在第二轮草原生态补奖政策周期，政策范围内农牧民人均补奖收入为3017元。尤其从2014年起，活羊价格持续下降，而牧户养羊积极性受挫，畜牧业利润持续下降，补贴收入保证了牧户生活质量。2016年青海省74万牧民因实施补奖政策人均年增收2562元，其中，黄南州牧民人均补奖收入为2066.07元，果洛州牧民人均补奖收入为3011.44元，玉树州牧民人均补奖收入为2200元，海南州牧民人均补奖收入为2309元，海西州牧民人均补奖收入为7137元。对比2016年以上各州人均可支配收入，黄南州、果洛州、玉树州、海南州、海西州牧区牧民人均可支配收入分别为7455元、6020元、6177元、9550元和11539元。可知，2016年牧区各州人均补奖补贴占人均可支配收入比例分别为：黄南州27.71%、果洛州50.02%、玉树州35.62%、海南州24.18%、海西州61.85%，草原生态补奖补贴已经成为牧户家庭收入保障与增收的重要来源。

其次，观测政策实施后牧区农村居民人均可支配收入增长率数据(表3-14)，可知牧区居民人均可支配收入增速显著受草原生态补奖政策影响，牧区各地人均可支配收入增速都经历了从政策初期的快速增长到急速下降的过程。主要原因是政策实施初期，牧户的减畜行为致使2011—2013年家庭畜牧业经营收入迅速增加[①]。其中，果洛州、玉树州牧户可支配收入增速变动幅度最大。

表3-14　青海省牧区居民人均可支配收入增长率　单位：%

地区	2011年	2012年	2013年	2014年	2015年	2016年
海北州	27.78	20.92	16.32	12.44	8.70	9.14
黄南州	26.81	17.82	16.08	13.30	8.44	9.33
海南州	16.67	16.99	16.19	13.07	8.86	9.31
果洛州	12.76	24.99	14.99	13.30	8.22	10.16
玉树州	-27.48	31.50	17.08	13.40	8.31	11.00
海西州	20.98	20.42	16.01	12.11	7.11	9.04

以上收入变化说明，草原生态补奖政策对牧区牧户收入影响显著，牧户主要收入来源已发生变化。在政策实施前，牧户主要收入来源为畜牧业收入；政策实施后，主要收入来源逐渐变为草原补奖补贴收入与畜牧业收入。尤其在2014年活畜价格不断下降的背景下，草原补奖补贴收入的稳定性使得效益低的牧户可以从畜牧业生产中抽离，转移至非农产业，通过非农收入增加家庭收入。可以看到，草原生态补奖政策起到了促进牧民增收的作用。

3. 社会效益分析

草原生态补奖政策的实施对草地畜牧业发展模式改变、牧户生产生活方式转变与牧民草原生态观念转变产生了影响。

第一，草原生态补奖政策的实施促进了草地畜牧业发展模式的转变。长期以来，草地畜牧业一直是青海省牧区支柱产业，但草地畜牧业发展中常存在粗放式经营、草场生态保护意识不强、超载过牧、生产效率低、“惜杀惜售”的问题。草原生态补奖政策实施后，牧户不得不在强制性制度和生态资源的限制下合理配置生产资料，优化生产模式，提高饲养效率。典型体现为

① 玉树州于2005年开始实施三江源生态保护一期工程，退牧还草早于其他各州，牧户“减畜”先于草原生态补奖政策落地。为保护草原，牧户家庭畜牧业经营性收入持续下降，因此会出现2011年牧民人均可支配收入增长速度为负的情形。

牧区牲畜出栏率提升，牲畜舍饲率、半舍饲率提高，牲畜存栏量下降。究其原因，在草原生态补奖政策实施前，通过“退牧还草”生态补偿政策、“四配套”建设、藏区开发工程和三江源生态保护环境项目的实施，牧区各州牲畜棚圈数量攀升。当草原生态补奖政策实施后，禁牧草场的划定进一步促进了牲畜棚圈数量上升与舍饲率、半舍饲率提升。如草原退化较严重的同德县、兴海县，舍饲率、半舍饲率达 100%和 62.09%，称多县、囊谦县，舍饲率、半舍饲率达 45.6%①，“惜杀惜售”现象彻底改变。

第二，草原生态补奖政策提高了牧区畜牧业组织化程度。由于草原生态补奖政策要求牧户强制减畜，牧户存栏牲畜量变少，不少散户选择加入合作社，以草场和牲畜折价入股，由合作社统一管理、销售牲畜。另一些牧户则通过成立家庭牧场、申请成为规模养殖户来扩大现有经营规模。加入合作社，建立新型农业经营主体，使得分散的小农生产集聚为规模化牧业生产。这不仅提升了当地畜牧业的集约化程度，释放了畜牧业冗余劳动力，还为农牧民外出务工、经商创造了条件。以 2017 年为例，青海省合作社入社率高达 72.5%，规模养殖比重达到 52%，生态畜牧业合作社达到 961 个，散户加入合作社成为趋势，牧区合作社入社率显著提升，草地畜牧业集约化、组织化程度改善显著。

第三，草原生态补奖政策实施促进了牧民生计转型。青海省统计数据显示，1978 年青海省劳动力三产就业比例为 71.3∶18.3∶10.4，2017 年青海省劳动力三产就业比例为 35∶22∶43。可见，农牧业劳动力已向第二、三产业大量转移。同时，草原生态保护政策实施后，牧区畜牧业劳动力出现分化现象：一部分牧户家庭退出了畜牧业；另一部分牧户继续从事畜牧业生产。留牧牧户中，一些牧户成为兼业牧户，在减少牲畜饲养规模的同时通过非牧就业为家庭创造财富；另一些牧户仍保持纯牧户特征，但有能力者则扩大饲养规模，成立家庭牧场。这些来自退牧户或兼业户的劳动力只有小部分成为畜牧业雇工，绝大部分进入第二、三产业，如家政业、餐饮业、旅游业、畜产品加工业、手工制作业、农业服务业等。农牧

① 以上数据来自 2017 年青海省草原公报。

民生计转型意味牧户对草原的依赖性降低，即对草原的人为破坏减少。通过牧民生计转型，草场得以保护，牧户收入来源渠道增多。

第四，草原生态补奖政策的实施促使牧民草原生态观转变。在牧区，草原一直是牧户赖以生存的资源，牧民对草原放牧需求占首位，生态需求占其次。但草原生态补奖政策的实施，使牧民认识到草原生态保护的重要性大于草原利用，草原利用要符合生态保护准则，牧民的思想观念有了根本性转变。例如，在2017年，黄南州有56.65%的草场实施禁牧，果洛州有60.4%的草场实施禁牧。禁牧后，当地约有一半牧业富余劳动力产生，这些牧业富余劳动力有些成为草原生态管护员，从草原利用者变为草原保护者。继续从事畜牧业生产的牧户在政策限制下也从草原利用"破坏者"变为草原生态保护制度的"遵守者"。

二、政策运行效率分析

"效率"的原意是"单位时间内完成的工作"。在现有文献中，"效率"是指投入产出的比率(颜鹏飞和王兵，2004)，政策运行效率是指政策投入与政策产出的比例(张淑杰和孙天华，2012)。测度效率主要采用索洛余值法、参数法随机前沿分析与非参数法数据包络分析(Farrel，1957；Solow，1957；Jorgenson，1967；Charnes，1979)，以Charnel于1979年首次提出的数据包络分析法(DEA法)为代表。DEA法应用广泛，不需要设置生产函数，它通过对比评价单元DMU①与所有DMU形成最优的前沿面曲线间垂直距离，测度被评价对象投入产出效率。本书把草原生态补奖政策效果看成一个投入产出的过程：政府投入政策资金与草地，希望得到生态改善、畜牧业发展和牧民增收的政策产出。通过数据包络分析，可判断青海省牧区草原生态补奖政策运行效率，为进一步政策改进提供相关建议。

1. 模型选择

(1)数据包络分析法介绍。

数据包络分析法是"一种以凸分析和线性规划为工具、用于评价相同

① DMU是DEA分析中的待评价单元。

类型决策单元（DMU）相对效率”的评价方法（Charnes and Cooper，1978），已广泛应用于各个行业技术效率和规模效率的测量。效率可定义为投入与产出的比率，也可被看成生产者达到生产可能边界的能力。没有达到前沿的 DMU 被认为是“技术无效率”，反之亦然（Yunez-Naude et al. 2006）。DEA 的结果通过线性规划获得，并得出哪些 DMU 可以提高生产率和节省资源，以及产量增加的量。

数据包络分析法的基本原理如下：设有 n 个决策单元 $DMU_j(j=1, 2, \cdots, n)$，投入向量和产出向量分别为：

$$X_j=(x_{1j}, x_{2j}, \cdots, x_{mj})^T>0, Y_j=(y_{1j}, y_{2j}, \cdots, y_{sj})^T>0, j=1, \cdots, n \tag{3.1}$$

投入、产出的权向量分别为：

$$v=(v_1, v_2, \cdots, v_m)^T, u=(u_1, u_2, \cdots, u_s)^T, \tag{3.2}$$

对第 j 个 DMU 进行评价，则 j 个 DMU 的效率得分为：

$$\theta_j=\frac{u^TY_j}{v^TX_j}=\frac{\sum_{r=1}^{s}u_ry_{rj}}{\sum_{i=1}^{m}v_ix_{ij}}, (j=1, 2, \cdots, n) \qquad (\theta_j\leqslant 1) \tag{3.3}$$

DEA 法分别在投入导向和产出导向下求解 DMU（决策单元）效率得分。投入导向 DEA 法着重于在给定投入量下，所能得到的最大产出；产出导向 DEA 法着重于在固定产出量后，所需要的最小投入量。在规模报酬不变的假设下，这两种导向 DEA 法所得效率值相同，但在规模报酬可变收益假设下，两种导向 DEA 法所测得的效率不相等。

（2）CCR 模型与 CRS 模型。

多种 DEA 模型都可得出 DMU 效率值。DEA 法的基础模型是 Charnes 于 1979 年提出的假设规模收益不变下的投入导向 CCR 模型。随后，学术界在不同假设前提下相继提出各类 DEA 模型。按照马占新（2013）的归纳，DEA 模型有以下 4 个经典模型，其适应于不同规模收益的 DEA 模型：CRS 假设的 CCR 模型、VRS 假设的 BCC 模型（Banker，1984）、规模收益非递增的 FG 模型（Fare，1983）、满足规模收益非递减 ST 模型（Seiford，1990）。

上述的四个经典模型对经济学中的规模收益评价问题构成了一个完整的体系（马占新，2013）。

CRS 假设的 CCR 模型首先得到广泛应用，其模型如下。

假定有 I 个决策单元，每个决策单元有 N 种投入与 M 种产出。第 i 个决策单元的投入为 x_{io}，产出为 y_{ro}。DEA 法的目的是获得每一个决策单元所有产出与投入的比率，即求解以下线性规划问题：

$$
\begin{aligned}
&\text{Max} \quad \frac{\sum_{r=1}^{s} u_r y_{ro}}{\sum_{i=1}^{m} v_i x_{io}} \\
&st \quad \frac{\sum_{r=1}^{s} u_r y_{rj}}{\sum_{i=1}^{m} v_i x_{ij}} \leqslant 1,\ j = 1,\ 2,\ \cdots,\ n, \\
&\quad\quad u_r,\ v_i \geqslant 0
\end{aligned}
\tag{3.4}
$$

式(3.4)具有无穷解，为了避免无穷解出现，在式(3.4)加入约束 $\sum_{i=1}^{m} \omega_{i_{io}} x = 1$，利用线性规划对偶性，推导出式(3.4)等价包络模型为：

$$
\begin{aligned}
&Min \quad \theta_o \\
&st \quad \theta_o x_{io} - \sum_{j=1}^{n} x_{ij}\lambda_j \geqslant 0, \quad i = 1,\ 2,\ \cdots,\ m. \\
&\quad\quad \sum_{j=1}^{n} y_{rj}\lambda_j - y_{ro} \geqslant 0, \quad r = 1,\ 2,\ \cdots,\ s. \\
&\quad\quad \lambda_j \geqslant 0,\ j = 1,\ 2,\ \cdots,\ n.
\end{aligned}
\tag{3.5}
$$

求解得到的 θ_o 即是第 i 个 DMU 的效率值。根据 Farrell 的定义，如果某 DMU 的效率值等于 1，则该 DMU 位于前沿面上，是技术有效的；CRS 假设的 CCR 模型只适用于所有决策单元在最优规模下运行的情况。因此，规模报酬可变（VRS）的假设更适合于现实。VRS 假设下，只需在式(3.5)加入凸性约束条件 $\sum_{i=1}^{n} \lambda_i = 1$ 即为 BCC 模型。在 BCC 模型中，效率可进一步分解为规模效率和纯技术效率。通过以上定量分析，既可以确定决策单元的低效率程度。

(3) Malmquist TFP 指数。

当投入产出数据是面板数据时，需要借助 Malmquist TFP 指数来测度效率变化。Malmquist TFP 指数[①]用来测算 s 时期到 t 时期决策单元全要素生产率的变化，可以通过定义投入距离函数和产出距离函数的比率构建。

在产出导向下，如果将 t 时期的技术作为参考值，s 时期(基期)到 t 时期的马氏指数表示为：

$$m_0^t(y_s, x_s, y_t, x_t)=\frac{d_0^t(y_t, x_t)}{d_0^t(y_s, x_s)} \tag{3.6}$$

如果将 s 时期的技术作为参考值，t 时期(基期)到 s 时期的马氏指数表示为：

$$m_0^s(y_s, x_s, y_t, x_t)=\frac{d_0^s(y_t, x_t)}{d_0^s(y_s, x_s)} \tag{3.7}$$

m_0 的值大于 1，表示从 s 时期到 t 时期全要素生产率增长，m_0 的值小于 1，表示从 s 时期到 t 时期全要素生产率下降。正如 Färe R、Grosskopf 和 Roos(1998)指出，如果技术是希克斯中性，s 时期和 t 时期的马氏指数相等，则马氏指数被定义为 m_0^s 和 m_0^t 的几何平均数，全要素生产率变化可分解为效率变化和技术变化，其中效率变化又可以分解为纯技术变化和规模效率变化：

$$m_0(y_s, x_s, y_t, x_t)=\frac{d_0^s(x_t, y_t)}{d_0^s(x_s, y_s)}\left[\frac{d_0^s(y_t, x_t)}{d_0^s(y_s, x_s)}\times\frac{d_0^t(y_t, x_t)}{d_0^t(y_s, x_s)}\right]^{0.5} \tag{3.8}$$

则，效率变化$=\dfrac{d_0^t(y_t, x_t)}{d_0^s(y_s, x_s)}$　　技术变化$=\left[\dfrac{d_0^s(y_t, x_t)}{d_0^t(y_t, x_t)}\times\dfrac{d_0^s(y_s, x_s)}{d_0^t(y_s, x_s)}\right]^{0.5}$

当变化值等于 1，表示没有变化；当变化值小于 1，表示某种变化呈衰退趋势；当大于 1，表示变化呈进步趋势。

2. 指标选取与数据来源说明

草原生态补奖政策的运行机理是采取禁止牧户在中度以上退化草场放

① 又称马氏全要素生产率指数，简称马氏指数。

牧和限制放牧牲畜数量的措施来遏制草原生态退化。因此，政府实施草原生态补奖政策，需要投入政策运行资金，以达到改善草原生态，补偿牧户损失，促进畜牧业发展和农牧民增收目的。据此，草原生态补奖政策的投入指标①为财政资金投入，产出指标为牧草平均产量②、肉类总产量及牧民人均可支配收入。基于上述条件，本部分选取了以下投入产出指标（表3-15），对青海省补奖政策运行效率进行评价。

表3-15　草原生态补奖政策投入产出指标表

投入指标	产出指标
财政资金投入（万元）	牧草平均产量（千克/公顷）
	肉类总产量（吨）
	牧民人均可支配收入（元）

选择2011—2017年草原生态补奖政策投入产出数值，共计有42个DMU（决策单元）。由于海东与西宁市地处农区，草场面积小且以舍饲为主，研究区域选择牧区六州，即海北州、海南州、黄南州、果洛州、玉树州与海西州。研究数据来源如下：财政资金投入数据来自青海省农牧厅发布的简讯公告，牧草平均产量来自2011—2017年《青海省草原监测报告》，肉类总产量、牧民人均可支配收入来自2012—2018年《青海统计年鉴》。

3. 草原生态补奖政策运行效率测算

在DEA分析中，由于BCC模型是静态模型，不能反映面板数据效率的变化趋势，为了更清晰反映青海省各州草原生态补奖政策运行效率特征，需要利用Malmquist TFP指数计算该政策的技术变化、纯技术效率变化、规模效率变化和生产率变化。

对青海省草原生态补奖政策投入产出运用Deap 2.1软件进行Malmquist指数分析，可得到青海省牧区草原生态补奖政策总效率得分与各

① 根据《青海省第二次草地资源调查与研究》数据，青海省草原面积并未有大面积改变，因此本文未将草地面积纳入投入指标。

② 牧草平均产量是指某一地区一年内一公顷草原上出产鲜草重量的平均值，它是衡量某地区草地生产力的重要指标。由于青海省各州海拔、气候、降水、地形相差较大，牧草平均产量比牧草总产量更能体现生态改善状况。

牧区地市效率得分。根据定义，全要素生产率变化(tfpch)可分解为效率变化(effch)和技术变化(techch)，效率变化(effech)又可分解为纯技术效率变化(pech)和规模效率变化(sech)。

对草原生态补奖政策运行效率变化趋势进行分析，测算结果(表3-16)表明：在草原生态补奖政策执行期间，青海省草原生态补奖政策运行效率呈增长态势，草原生态补奖政策运行效率年均增速达5.43%。其中，2016—2017年政策运行效率增速最快，达12.6%。把全要素生产率分解为效率变化和技术变化，可知：2011—2012年、2013—2014年、2014—2015年，草原生态补奖政策运行效率增长是由技术进步推动的；2015—2016年草原生态补奖政策运行效率增长受到技术退步的抑制，主要由效率进步推动；2016—2017年草原生态补奖政策运行效率增长速度最快，为技术进步与效用进步双重作用的结果。

表3-16　草原生态补奖政策运行效率变化趋势的测算结果

年份	effch	techch	pech	sech	tfpch
2011—2012	0.960	1.073	1.000	0.96	1.030
2012—2013	1.001	1.059	1.000	1.001	1.059
2013—2014	0.951	1.073	1.000	0.951	1.021
2014—2015	0.985	1.059	1.000	0.985	1.043
2015—2016	1.191	0.879	1.158	1.029	1.047
2016—2017	1.117	1.008	1.025	1.089	1.126

第一，分地区政策运行效率增速测度。测算结果(表3-17)表明，草原生态补奖政策运行效率增长率从高到低排位为：玉树州、果洛州、海西州、海北州、海南州、黄南州。其中，黄南州出现了政策运行效率增速递减状况。但政策运行效率增速排名并不代表政策运行效率排名。

表3-17　各地区草原生态补奖政策运行效率增速测度结果

地区	effch	techch	pech	sech	tfpch
海南州	0.978	1.026	1.000	0.978	1.004
海西州	0.979	1.088	1.000	0.979	1.066

续表

地区	effch	techch	pech	sech	tfpch
海北州	1.000	1.022	1.000	1.000	1.022
黄南州	1.023	0.975	1.000	1.023	0.997
玉树州	1.150	1.020	1.163	0.989	1.173
果洛州	1.063	1.009	1.021	1.041	1.072

第二，分地区政策运行效率测度。政策运行效率增速是指政策运行效率在实施期前后的变化幅度，它并不代表各地区实际效率得分。青海省牧区各州各年度 VRS 导向的技术得分(表 3-18)表明，除玉树州、果洛州外，其他牧区各州均处于效率有效状态，说明草原生态补奖政策财政投入达到了规模收益不变的最佳点，草原生态补奖政策取得了良好的生态、经济和社会效益。玉树州和果洛州草原生态补奖政策运行效率低。尤其是玉树州，虽然在第二轮政策周期内运行效率有所提升，但仍低于均值，说明在该地区，虽然国家财政投入了资金实施草原生态补奖政策，但政策运行效率较差。果洛州草原生态补奖政策运行效率有增长态势，优于玉树州，但政策运行效率提升空间较大。

表 3-18　青海省牧区各州各年度 VRS 导向的技术得分

年份	2011	2012	2013	2014	2015	2016	2017
海南州	1.000	1.000	1.000	1.000	1.000	1.000	1.000
海西州	1.000	1.000	1.000	1.000	1.000	1.000	1.000
海北州	1.000	1.000	1.000	1.000	1.000	1.000	1.000
黄南州	1.000	1.000	1.000	1.000	1.000	1.000	1.000
玉树州	0.057	0.057	0.057	0.057	0.057	0.141	0.141
果洛州	0.460	0.460	0.460	0.460	0.460	0.448	0.521

4. 结论

通过 Malmquist 指数分析可知，青海省牧区草原生态补奖政策运行效率良好，政策运行效率增速为正。技术效率是限制青海省牧区草原生态补奖政策运行效率的主要原因。玉树州、果洛州草原生态补奖政策运行效率远低于其余各地，但政策运行效率呈现增长趋势。这说明以上地区使用财政资金时存在交易成本过高问题，资金投入规模与生态、社会、经济产出规模未达到最佳匹配水平。

第五节　草原生态补奖政策实施中存在的问题

草原生态补奖政策对牧区畜牧业生产造成了两大冲击：一是牧户放牧用草场减少，二是畜牧业生产成本上升。虽然牧户畜牧业生产损失可通过补奖补贴方式得以补偿，但政策实施中，仍然面临以下突出问题。

一、过牧与退牧现象并存

20世纪80年代起，青海省牧区开始全面实施草场承包到户制。草场承包到户制的实施，使得牧户草场使用权得以明晰，但也带来了承包草场放牧压力增加、牧业抗灾能力减弱等问题(Yan，2005)。另外，由于草场正式流转手续烦琐，出于规避风险等原因，草场非正式流转情况一直存在。这些草场非正式流转通常以互借草场、口头协议为主，多发生于亲友熟人间，对草场规范化流转造成了阻力。

在草原生态补奖政策实施后，牧户草场被划分为禁牧草场和草畜平衡草场。草畜平衡草场的流转性质没有发生改变，但禁牧草场禁止放牧，无法进行流转。加之牧户对草场生活保障功能的重视，很少有牧户将草场正式转出，牧户多采取转租形式将草场短期出租。根据草原补奖补贴发放规定，补奖补贴发放以牧户草场承包经营权为依据，按照牧户禁牧面积和平衡面积发放。这意味着草场承租人无法享受禁牧补贴和平衡奖励。为了收回草场租入成本，草场承租人会最大限度地利用草场，通过过牧、偷牧来降低成本。可见，草原出租，即牧户非正式短期流转草场，也是过牧行为出现的重要原因之一。

与此同时，自2014年起，全国活羊价格持续低迷。根据历年《全国农产品成本收益资料汇编》数据显示，在 2015 年，青海本种绵羊与改良绵羊的平均饲养成本均高于售价；2016 年牧户饲养本种绵羊一直处于亏损状态，饲养改良绵羊仅盈利 6 元/只[①]。在羊价低迷、饲草料成本上升与“减畜”措施下，牧区牧户退牧现象显著增多。一些牧户退出了畜牧业生产，私底下把草场租出去，然后靠外出打工、补奖补贴等国家补贴和草场租金来维生。

综上所述，在多种因素影响下，青海省牧区退牧与过牧现象并存。那么，草原生态补奖政策对牧户退牧与过牧行为的影响有多大呢？本书将在第五章进行阐述。

二、饲养方式转变造成牧业经营成本增加

草原生态补奖政策实施后，由于牧户放牧用草场面积减小，在草地核定载畜量的限制下，牧户不得不减畜或改变生产方式。实地调研显示，政策实施后，放牧仍是牧区牲畜饲养的主要方式，但舍饲、半舍饲方式比例较政策实施前有了较大提升。虽然采取舍饲、半舍饲方式保护了草原生态，但从牧户角度来看，牲畜饲养方式的转变使得经营成本增加，且补奖补贴不能完全弥补饲养方式转变造成的损失。青海省政府公布的 1 羊单位标准亩系数[②]显示，牧户若采取放牧方式需要 16.1 亩草场才可保证饲养一只羊。以海北州海晏县为例，当地的 1 羊单位标准亩系数为 12 亩。如果牧户“自繁自育”并放牧生产，每只羊饲养 3 年才能出栏。按照 2016 年当地羊价为 700 元/只计算，此时 1 个标准亩草场每年的经济价值约为 263.3 元（700 元/3 年+2.5 元/亩×12 亩），折合每亩草地经济价值约为 21.94 元。青海省在 2016 年本种绵羊（活重）平均饲养成本为 565.71 元，改良绵羊

---

① 《全国农产品成本收益资料汇编 2017》显示，2016 年青海省本种绵羊平均售价约为 518 元/只，平均饲养成本约为 565 元/只；改良绵羊平均售价约为 610.46 元/只，平均饲养成本约为 604 元/只。

② 标准亩系数是指饲养 1 羊单位所需的草地面积。青海省公布的标准系数是 1.66 公顷，是一个平均值，即采取放牧形式饲养一只羊，需要 1.66 公顷草场，折合 16.1 亩草地。标准亩系数越小，草地产草量越高。

（活重）平均饲养成本为604.48元①，若按1羊单位平均饲养成本585元计算，则每亩草场纯收益为5.69元。若采用舍饲育肥羊，每只羊每天需要1.5~2.5千克草料及少量精饲料，而2016年饲草均价为1200元/吨。因此，在高昂的草料价格下，牧户只有扩大饲养规模才能实现盈利。

然而，由于草场核定载畜量和饲草价格的限制，牧户若要扩大饲养规模，只能通过流转草场，2016年当地草场流转价格最低在20元/亩以上，结合当年平均每亩草场纯收益5.96元的背景，不难得出这样的结论：在羊价低迷、饲草价格上涨、草场流转费用上涨的背景下，转变饲养方式后，牧户生产运营成本过高。虽然政府补奖补贴可以弥补牧户一部分损失，但牧户畜牧业经营收益减少，生产积极性必然受挫。要改变以上状况，需改变目前草原补奖补贴补偿方式，以饲草料和现金相结合方式补偿牧户，同时提高饲草料补偿比例，通过实物补偿更好地促进牧户用舍饲和半舍饲替代放牧生产。

三、补贴发放方式引发家庭结构“名义”嬗变

补偿方式是指草原生态补奖补贴以何种方式发放补偿对象。目前，草原生态补奖政策补偿方式是以亩为单位发放现金。但在2016年以前，部分地区补奖补贴按户发放，并且补奖补贴中的生产资料补贴也是按户发放。笔者在黄南州与玉树州实地调研时发现一个现象：由于有些补贴是以家庭为单位发放，牧区里四世同堂的大家庭开始分化为小家庭。以第一轮草原生态补奖政策周期中的牧户生产资料综合补贴为例，该补贴以家庭为单位，按照每户500元的标准发放。在对黄南州和玉树州的牧户2014—2016年的追踪调查中，笔者发现在政策影响下，绝大多数三世同堂、四世同堂的牧户分化为夫妻、夫妻加子女或鳏寡居老人家庭。例如，黄南州某乡牧民旦增，在2010年前，整个家庭只有一个户口本，家庭成员有14人。但2015年调研时，这个14人的大家庭被分为老人、大儿子、二儿子、小儿子4个小家庭。旦增对于分家的解释是：“草原保护政策实施后，草场变

① 绵羊饲养成本数据来自《全国农产品成本收益资料汇编2017》。

少……养羊的成本增加，分家能让家里收入多一些”。按照政策发放标准，旦增家 2011 年共领取牧户生产资料综合补贴 500 元，但分家后，可以领到生产资料综合补贴 2000 元。虽然分家后的家庭仍然住在原有住房内，但家庭收入明显上升。当然，其他政策补贴也促使牧户分家。如在海北州海晏县某乡，牧民索南为了能够享受更多的政策补贴，将原有的四口之家分为了两个家，一个家是无任何经济收入的老人，另一个家是索南及其妻子孩子。在未分家时，索南全家不能领取扶贫补贴。分家后，老人享受到了扶贫补贴。索南说：“虽然分了家，但全家住在一起，生活没有变化”。可见，“名义”上的分家带来了牧户家庭收入的增多——然而这种方式并不是政策本意，在经济利益驱动下，绝大多数大家庭都选择了分家，并通过分家获取了更多的补贴。

2011 年青海省乡村户数共有 91.8 万户，2016 年乡村户数为 97.4 万户，而草原生态补奖政策覆盖的牧户由 2011 年的 17.2 万户增长至 2016 年的 21.54 万户。结合青海省牧区农业人口缓慢减少的事实可知，在草原生态补奖政策及其他政策的交互影响下，牧户家庭规模“名义”上变小了。2016 年，新一轮草原生态补奖政策实施，以户为单位的相关补贴得以取消，以草原面积为标准是目前草原生态补奖政策的主要补贴标准，但是新补贴形式是否可以达到政策想要的效果仍处于观察和探讨的阶段。

第六节　本章小结

本章在总结青海省草原利用保护历史和草原生态补奖政策发展历程的基础上，对青海省草原生态补奖政策实施现状、草原生态补奖政策的实施效果与政策运行效率进行分析，在此基础上阐释了草原生态补奖政策中存在的问题，揭示了草原生态补奖政策造成畜牧业生产困境和劳动力转移再就业的原因。

第四章

牧户对草原生态补奖政策的认知与评价

第一节　问题的提出

草原具有重要的生态价值和经济价值。近年来，由于人类活动与气候变化影响，我国大部分草原出现不同程度退化(Zhang，2011；Tao，2015；Wang，2017)。草原退化致使草地生产力显著下降(Li，2012)，对生态环境产生了不利影响(Wen，2013)，更威胁到我国生态安全。为了防止天然草原进一步退化，青海省于2011年起实施草原生态补奖政策。该政策是我国迄今为止最大的关于草原生态系统服务项目的政策，旨在保护草原，保障牲畜产品供应，增加牧民收入。草原生态补奖政策采取禁牧和草畜平衡措施防止草原退化。其中，禁牧措施是指牧户在中度以上退化草地(草场、草原)禁止放牧，草畜平衡措施是指牧户在禁牧区以外草地(草场、草原)按核定载畜量生产。然而，我国天然草原主要位于北方少数民族聚集区(Deng，2011)，政策实施会对牧区社会经济发展产生影响。现有文献也表明草原生态补奖政策对牧户生产和生活影响显著(Zhen，2014；Ye，2014；王丹，2018)。因此，开展对草原生态补奖政策实施效果的研究尤为必要。关于草原生态补奖政策实施效果，现有文献主要从建立综合评价体系评估政策绩效(白爽，2015；路冠军，2015；戴微，2018；尹晓青，2018)，定量测度政策对收入、生计与生产影响(张会萍，2018；王丹，2018；王晓毅，2016)两方面展开。牧户是畜牧业生产直接决策者和草原资源管理者，他们在政策有效实施和草原生态改善方面发挥着重要作用(Cencetti，2011；Cong，2010；Squires，2009)。因此，草原生态补奖政策效果应包含牧户对政策的认知与评价。

关于草原生态补奖政策牧户认知与评价的研究，现有文献主要从政策认知测度及影响因素（苏珊，2018；杨勇，2017；陈海燕，2013），政策评价测度及影响因素（苏珊，2018；王建兵，2013；胡振通，2016；李玉新，2014）两方面展开。相对于第一轮政策实施周期，牧户在第二政策实施周期对草原生态补奖政策认知度有所提高（陈海燕，2013；Yin，2019），但各地牧户对草原生态补奖政策评价存在差异（苏珊，2018；陈海燕，2013；李玉新，2014；Zhang J，2019）。如Yin（2019）的研究显示，牧户家庭对草原生态补奖政策持积极态度，而Zhang（2019）刚好持相反观点。须知，牧户政策认知是能否自觉遵守政策规定的重要前提（韦惠兰，2016），也是决定牧户评价的重要参考，只有解释了政策认知与政策评价的形成关系，才有可能对政策的进一步完善提出针对性意见。但现有文献较少反映草原生态补奖政策认知与牧户评价间的关系。本书认为政策认知与政策评价是牧户的主观感知，将政策认知潜变量用政策内容认知与执行认知表征，将政策评价潜变量用生态效果评价和生计效果评价表征。根据理性行为理论，主观认识与态度之间存在相应关系，较高的政策认知水平是人们理性地评价政策、进行政治参与的知识基础（郭正林，1998）。基于此，本书在借鉴已有研究基础上，利用结构方程模型探求草原生态补奖政策认知对政策评价的影响，以期为草原生态补奖政策后续实施提供参考。

第二节　理论分析

一、理论依据

社会认知理论（social cognitive theory）为理解影响人类思想、情感和行为的心理社会机制提供了框架（Stallones，2009）。社会认知理论认为，在社会学习过程中，个体行为、认知和环境三者彼此联结，互为因果（Phipps，2013）。预期结果和自我效能信念是社会认知理论的两个关键变量：预期结果是对特定行为可能后果的判断或信念；自我效能是个体对自己在一定水平上完成某一活动所具有能力的判断、信念或主体自我把握与态度（Bandura，1986）。虽然行为由外部环境和内部环境共同决定，但认知起到主导作用，而认知的核心成分就是自我效能（Young，2005）。自我效能是行为改变的最重要的先决条件，它可以在认知和个体行为之间起作用（Yazdanpanah，2015）。

牧户对草原生态补奖政策的认知与评价是其对政策的响应行动的一种。政策认知是人们对政策过程和政策系统功能、作用、结构、关系等的认知（张国庆，1997）；政策评价是人们对政策实施效果的判断。当草原生态补奖政策实施后，牧户会对政策本身及政策执行状况形成自我认知，在这一过程中，牧户会形成是否遵守草原生态补奖政策的判断（自我效能），并形成草原生态补奖政策影响预期（结果预期），从而产生响应草原生态补奖政策的一系列行为。因此，社会认知理论被应用于此来解释牧户对草原生态补奖政策的响应。在本书中，自我效能是指牧户对遵守草原生态补奖政策的判断，认知是牧户对草原生态补奖政策的构建与执行的认识看法，结果预期是牧户对草原生态补奖政策实施的评价。Bandura（1986）认为，预期是认知和行为的中介。结合以上心理活动发生的顺序，本书认为认知会对预期产生影响，即草原生态补奖政策认知会影响牧户对政策的评价，同时预期和认知会对行为产生影响。因此，牧户对草原生态补奖政策的认知不仅会影响其政策评价，还会对牧户后续的政策响应行为产生影响。

二、研究假设

根据社会认知理论，在草原生态补奖政策落地后，牧户的心理过程是：“形成政策认知—产生政策评价—产生后续行为”。政策认知先于政策评价产生，牧户政策感知是自身形成（Von Braun，1995），而牧户政策评价受到牧户感知、政策期望、受教育程度、地区、补贴金额等多种因素影响（Xie，2016；Zhang，2019；李玉新，2014）。因此，将牧户的政策认知作为外生潜变量，将政策评价作为内生潜变量。由于政策认知与政策评价都是潜变量（latent variable），需要借助显变量（observable variable）表达，本部分用政策内容认知和政策执行认知表征政策认知，用政策生态效果评价和政策生计效果评价表征政策评价。根据理论依据分析可知，政策认知会影响政策评价。因此，构建如下假设。

H_1：政策内容认知程度越高，政策生态效果评价越好。

政策内容认知是牧户对草原补奖政策内容的了解程度。牧户对草原补奖政策种类、草畜平衡奖励和超载过牧处罚了解越清晰，越倾向于遵守政策。牧户遵守政策比例越高，草场超载过牧概率越小，草原生态补奖政策对草原生态改善的效果越好。

H_2：政策内容认知程度越高，政策生计效果评价越好。

草原生态补奖政策实施后，退牧牧户与在牧牧户的生计来源发生改变。根据宏观统计数据与微观调研数据显示，补奖补贴已成为牧户的重要收入来源。牧户对草原补奖政策内容了解越清晰，对补奖补贴的精准扶贫导向与收入保障作用越了解，对政策生计效果评价越好。

H_3：政策执行认知程度越高，政策生态效果评价越好。

Braithwaite(2003)在《信任与治理》中提及："一个有效的民主社会取决于公民对政府的信任，而信任对于取决于公众行为反应的各种公共政策的成功至关重要"。当某一政策注重公民参与，信息公开程度高可以增加公众信任(OECD)。牧户在草原补奖政策执行中感受到公平性和透明性越高，对相关政府人员越信任，对政策的支持力度越高，超载过牧及偷牧行为发生概率越小，其实施草原生态保护概率越大，对政策生态效果评价越好。

H_4：政策执行认知越高，政策生计效果评价越好。

综上所述，补奖补贴发放程序及相关人员处理超载过牧问题越透明、越公平，牧户对草原生态补奖政策的认同度越高，进而对草原生态补奖政策的降低生计风险能力、生计保障能力与生产条件改善能力的效果评价越高。

三、理论模型构建

牧户对草原生态补奖政策的认知与评价是对政策内容及政策执行相应

信息的解读与理解，是牧户自身感知与态度的心理过程，因此不能被直接观测，需要借助显变量来对心理因素这一类潜变量（latent variable）进行测量。结构方程可以较好地考察潜变量之间的关系，它能同时处理多个因变量，容许自变量和因变量含测量误差（Baron，1986）。因此，本书基于社会认知理论，应用结构方程模型（structural equation modeling）展开牧户对草原生态补奖政策认知与评价的分析。

1. 政策认知变量选择

公共政策程序是指政策制定、执行、评价与终止（李建华 ，2008）的全过程，而政策认知是指人们对国家政策知晓与认识的程度。魏茂青（2013）开展农户对农资综合补贴政策认知调研，结论表明政策宣传可提高农户对政策内容的认知。根据这一逻辑，牧户对草原生态补奖政策的认知应包括政策内容认知和政策执行认知。

第一，政策内容认知。政策构建中的问题应包括情境问题与元问题（成立，2018）。因此本书测度政策内容认知，是从牧户对政策种类的了解、对补奖补贴的了解、对超载过牧惩罚措施与草畜平衡奖励的了解三方面开展。

第二，政策执行认知。草原生态补奖政策制定采取了“自上而下”途径，即中央制定政策，地方逐级实施，而政策执行力度决定着政策执行成功的可能性（丁煌，2010）。本书借鉴刘祥琪（2012）研究程序公平对征地满意度影响的逻辑，将程序公平纳入政策执行认知。因此，从牧户对相关政府人员信任程度的认知、对程序公平的认知与对政策执行透明程度的认知来测度政策执行的有效程度。

2. 政策评价变量选择

草原生态补奖政策目标是“两促一保”，即保护草原生态环境，促进畜牧业发展和促进牧民增收。牧户处于微观视角，对畜牧业发展没有直观体会，而对畜牧业生计感知明确。因此，本部分只将生态效果和生计效果作为牧户政策评价的表征。吴比（2016）认为，农民政策满意度是评价政策执行效果的重要维度，本部分采用牧户满意度评价草原生态补奖政策效果。

第一，生态效果评价。实施草原生态补奖政策的主要目标是改善草原生态，防止草地退化。本书借鉴草业科学中草原生态评价指标，以产草量、草原风沙、牧草高度、植被种类、虫鼠害等指标测度牧户对政策生态改善效果的直观感受。因此在问卷中，用以下指标衡量政策生态改善效果：①对提高产草量的评价；②对改善草原风沙的评价；③对增加牧草高度的评价；④对增加植被种类的评价；⑤对防治虫鼠害的评价。

第二，生计效果评价。在草原生态补奖政策实施前后，牧户对生计变化感知明显。本部分将考量草原生态补奖政策对牧户收入、生计资本改善和生计风险降低的影响，将采用三个指标对牧户生计效果评价进行体现：①对收入保障的评价；②对生产条件改善的评价；③对降低生计风险的评价。

3. 政策认知影响政策评价的理论模型构建

基于社会认知理论，将牧户政策认知与政策评价这一类潜变量作为政策效果的代表，同时认知与评价之间存在一定的结构关系。结构方程模型对解释潜变量间关系具有独特优势。结构方程在建模中包括两个部分：结构模型（structural model）与测量模型（measurement model）。结构模型用以反映潜变量之间的因果关系，测量模型用以反映潜变量与观测变量之间的关系。基于以上假设与观测变量选择，构建以下结构方程模型：

$$\begin{bmatrix} X_1 \\ X_2 \end{bmatrix} = \begin{bmatrix} \Lambda_{x1} & 0 \\ 0 & \Lambda_{x2} \end{bmatrix} \times \begin{bmatrix} \text{政策内容认知} \\ \text{政策执行认知} \end{bmatrix} + \begin{bmatrix} \delta_{x1} \\ \delta_{x2} \end{bmatrix}$$

$$\begin{bmatrix} Y_1 \\ Y_2 \end{bmatrix} = \begin{bmatrix} \Lambda_{y1} & 0 \\ 0 & \Lambda_{y2} \end{bmatrix} \times \begin{bmatrix} \text{生态评价} \\ \text{生计评价} \end{bmatrix} + \begin{bmatrix} \varepsilon_{y1} \\ \varepsilon_{y2} \end{bmatrix}$$

$$\begin{bmatrix} \text{生态评价} \\ \text{生计评价} \end{bmatrix} = \begin{bmatrix} \gamma_{11} & \gamma_{12} \\ \gamma_{21} & \gamma_{22} \end{bmatrix} \begin{bmatrix} \text{政策内容认知} \\ \text{政策执行认知} \end{bmatrix} + \begin{bmatrix} 0 \\ 0 \end{bmatrix} \begin{bmatrix} \text{生态评价} \\ \text{生计评价} \end{bmatrix} + \begin{bmatrix} \zeta_1 \\ \zeta_2 \end{bmatrix} \tag{4.1}$$

X_i 表示外源潜变量观测指标；Λ_{Xi} 表示外源指标在外源潜变量上的载

荷；δ_{Xi}表示外源指标 X_i 的测量误差；Y_i 表示内生潜变量观测指标；Λ_{yi}表示内生指标在内生潜变量上的载荷；ε_{yi}表示内生指标 Y_i 的测量误差；γ_{mn} 表示结构路径，即外源潜变量对内生潜变量的影响大小；ζ_i 表示结构方程的残差项，反映了内生潜变量未被解释的部分。

第三节　牧户样本特征分析

一、数据来源

研究用数据来自对青海省牧区牧户的调查。由于青海省草地畜牧业主要生产区位于环湖带与三江源地区，本部分根据气象地理规划与经济发展差异，选择地处环湖区和青南高原的玛沁县、海晏县、兴海县、共和县、治多县等作为调研样地。调研区域内集中了青海省绝大多数草原，也是草饲畜主产区。数据收集采用随机抽样方式，调研队员采用参与式半结构访谈法对牧户家庭决策者进行一对一直接访谈，从而获取调查数据。调研中共发放调查问卷 600 份，去除离牧牧户与异常值问卷，回收有效问卷 445 份，有效回收率为 74.2%。调查问卷内容包括调研说明、调研内容、被访问者基本情况等内容。根据牧户对草原生态补奖政策的认知与评价这 4 个潜变量，设计了 14 个观测变量，变量赋值均为1~5分。

二、描述性统计分析

本次调研受访牧户分布情况（样本特征）如下（表 4-1）：①地区分布。445 份样本牧户中，来自三江源地区的样本为 284 户，来自环湖区的样本人数为 161 户。②兼业情况：纯牧户 310 户，占 69.67%；兼业户有 135 户，占 30.33%。③性别比例分布：男性共有 421 名，占 89%；女性共有 24 名，占 11%。④年龄分布：受访者年龄最小为 20 岁，年龄最大为 93 岁，平均年龄为 50.26 岁。⑤受教育程度分布：受访者受教育程度远远低于其他区域与其他产业，441 位受访者为小学及以下文化水平，4 位为初中文化水平。⑥草场承包类型：样地草场承包有三种类型，分别是联户承包(多户共同承包)、独户承包和集体承包(村集体承包)。其中，联户承包有 24 户，独户承包有 361 户，集体承包有 60 户。样本选择符合青海省第三次农业普查牧区劳动力人口分布特点。

表 4-1　受访对象分布情况

样本特征	定义	最小值	最大值	平均数	方差
地区分布	1=三江源地区；0=环青海湖地区	0	1	0.64	0.481
兼业情况	1=纯牧户；2=兼业户	1	2	1.30	0.460
性别比例分布	1=男；0=女	0	1	0.95	0.226
年龄分布	连续变量，单位“岁”	20	93	50.26	13.370
受教育程度分布	1=小学及以下；2=初中；3=高中	1	2	1.01	0.094
草场承包类型	1=联户承包；2=独户承包；3=集体承包	1	3	2.08	0.427

变量定义与赋值见表 4-2。变量描述性统计分析如下。

第一，政策内容认知指标描述性统计结果表明，牧户对政策奖惩规定的了解程度低于对补奖补贴资金发放程序的了解。草原生态补奖政策已落地 7 年，牧户对于政策内容及种类认知水平较高；但 2016 年是草原生态补奖政策第二轮实施周期起始年，由于补贴金额改变，政策内容变动，牧户认知水平较低，这样较合理。以上说明，牧户对草原生态补奖政策种类认知较清晰，但对政策奖惩规定的了解不够。

第二，政策执行认知指标描述性统计结果表明，牧户的政策透明度认知与信任程度认知得分相近，但均低于政策公平性认知。目前，补奖补贴根据牧户禁牧草场面积、平衡草场面积，直接发放至个人“一卡通”账户内。牧户认为政府执行草原生态补奖政策较公平，但对相关政府人员信任程度不高，认为政策执行得不够透明。

第三，政策生态效果评价与政策生计效果描述性统计结果表明，草原生态补奖政策生态效果评价均值为 3.32，牧户认为政策对牧草增产作用较显著，但对防治鼠害作用不大；政策生计效果评价均值为 3.76，牧户认为政策对牧业生产条件改善作用较明显，政策测收入保障的促进作用相对较小。同时，政策生计效果评价高于政策生态效果评价，说明牧户对政策效果基本满意，认为政策对改善生态效果和生计效果有积极作用。

表 4-2　变量定义与描述

潜变量	代码	观测变量	变量定义与赋值	方差	均值
政策内容认知 ξ_1	X_{11}	对政策种类的了解	5=认知很清晰；4=认知清晰；3=一般；2=不太清晰；1=不清晰	1.228	4.076
	X_{12}	对超载过牧处罚和草畜平衡奖励的了解	5=非常了解；4=了解；3=一般；2=不太了解；1=不了解	1.988	2.971
	X_{13}	补贴发放程序的了解	5=非常了解；4=了解；3=一般；2=不太了解；1=不了解	2.081	3.083
政策执行认知 ξ_2	X_{21}	对政策执行者的信任	5=非常信任；4=信任；3=一般；2=不信任；1=很不信任	2.381	3.092
	X_{22}	对政策公平性的认知	1=不公平；2=不太公平；3=较公平；4=公平；5=很公平	0.926	3.483
	X_{23}	对政策执行透明度的判断	5=很透明；4=透明；3=较透明；2=不太透明；1=不透明	2.175	2.948
政策生态效果评价 η_1	Y_{11}	提高牧草产量的作用	1=没作用；2=基本没用；3=有一点作用；4=有积极作用；5=很有积极作用	1.518	4.022
	Y_{12}	增加植被种类的作用	1=没作用；2=基本没用；3=有一点作用；4=有积极作用；5=很有积极作用	1.350	3.366
	Y_{13}	改善草原风沙的作用	1=没作用；2=基本没用；3=有一点作用；4=有积极作用；5=很有积极作用	1.546	3.706
	Y_{14}	增加牧草高度的作用	1=没作用；2=基本没用；3=有一点作用；4=有积极作用；5=很有积极作用	1.919	3.142
	Y_{15}	对防治鼠虫害的作用	1=没作用；2=基本没用；3=有一点作用；4=有积极作用；5=很有积极作用	1.146	2.346
政策生计效果评价 η_2	Y_{21}	收入保障的促进作用	1=没作用；2=基本没用；3=有一点作用；4=有积极作用；5=很有积极作用	1.778	3.492
	Y_{22}	牧业生产条件改善的作用	1=没作用；2=基本没用；3=有一点作用；4=有积极作用；5=很有积极作用	1.231	4.074
	Y_{23}	降低生计风险的作用	1=没作用；2=基本没用；3=有一点作用；4=有积极作用；5=很有积极作用	1.634	3.721

三、牧户特征与政策认知、政策评价的交叉分析

由于样本数据呈现分类数据特点，仅采取均值与方差的描述性统计方法不足以揭示问题本质，还应采用非参数检验方法进行分析。针对样本数据的分类特点，将牧户特征与政策认知、政策评价指标分别进行交叉分析，形成牧户特征与政策认知、政策评价的列联表，通过卡方检验判断牧户特征是否与政策认知、政策评价存在关联性，以更好为草原生态补奖政策优化提供参考意见。

1. 建立列联表

由上文可知，政策认知包括政策内容认知与政策执行认知。政策内容认知由政策种类了解程度、政策奖惩了解程度、补贴了解程度来表示；政策执行认知由信任感知、执行公平性感知及执行透明度感知来表示。政策评价包括政策生态效果评价与政策生计效果评价。政策生态效果评价由牧草产量评价、植被种类评价、草原风沙评价、牧草高度评价、鼠虫害评价构成；政策生计效果评价由生计保障评价、牧业生产条件改善评价和生计风险减低评价构成。同时，本书从牧户所在地区、兼业状况、性别分布、年龄分布、受教育情况和草场承包状况 6 个方面描述牧户分布特征。因此，建立列联表应将地区、兼业状况、性别、年龄、教育水平和草场承包指标分别与政策种类了解程度、政策奖惩了解程度、补贴了解程度、信任感知、执行公平性感知、执行透明度感知、牧草产量评价、植被种类评价、草原风沙评价、牧草高度评价、鼠虫害评价、生计保障评价、牧业生产条件改善评价和生计风险减低评价指标组合形成列联表，共计 84 个列联表。

因交叉分析过程相同，本部分不再依次列出 84 个列联表的分析内容，仅以“牧户所在地区”和“信任感知”两个变量为例建立列联表(表 4-3)，说明交叉分析的过程：首先，建立牧户所在地区与信任感知交叉分析的假设 H_0，即假设牧户所在地区分类独立于信任感知分类。为了验证 H_0 是否成立，运用 SPSS 20.0 对该列联表进行 Pearson 卡方检验。结果显示：Pearson 卡方的渐进显著性(两端)为 0.267，其 sig 值<0.05、phi<0.1、V 值<0.1，

说明“牧户所在地区”与“信任感知”之间没有显著性联系，即牧户对相关政府人员的信任程度不存在地区差异。

表 4-3　牧户所在区域与信任感知的列联表

牧户所在地区		信任感知				
		非常信任	信任	一般	不信任	很不信任
三江源地区	样本量	37	21	31	33	39
	百分比	23.00%	13.00%	19.30%	20.50%	24.20%
环湖带地区	样本量	70	44	46	39	85
	百分比	24.60%	15.50%	16.20%	13.70%	29.90%

2. 交叉分析结果总结

利用 SPSS 20.0 对 84 个列联表逐一分析，现将通过卡方检验的交叉分析结果总结如下。

第一，性别与政策奖惩了解程度之间不完全独立。不同性别对超载过牧处罚、草畜平衡奖励了解程度有着显著差异，女性户主对超载过牧处罚和草畜平衡奖励了解程度明显高于男性户主(表 4-4)。

表 4-4　性别与政策奖惩了解程度的列联表

年龄分布	政策奖惩了解程度				
	不了解	不太了解	一般	了解	非常了解
男性户主	4.20%	37.50%	20.80%	8.30%	29.20%
女性户主	22.60%	16.60%	20.90%	22.30%	17.60%

第二，年龄与补奖种类了解程度之间不完全独立。不同年龄段的政策种类了解程度存在差异。年龄越大，对草原生态政策种类越不了解；20~35 岁牧民对草原生态补奖政策种类了解程度最高(表 4-5)。

表 4-5　年龄与政策种类了解程度的列联表

年龄分布	政策种类认知程度				
	不了解	不太了解	一般	了解	非常了解
20~35 岁	3.6%	5.5%	12.7%	18.2%	60.0%
36~50 岁	3.6%	6.2%	10.8%	26.8%	52.6%

续表

年龄分布	政策种类认知程度				
	不了解	不太了解	一般	了解	非常了解
51~65 岁	1.5%	10.2%	22.6%	24.8%	40.9%
65 岁以上	5.1%	8.5%	20.3%	25.4%	40.7%

第三，承包草场类型与信任感知之间不完全独立。牧户承包草场类型不同，对政策执行人员信任程度存在显著差别：独户承包牧户对政策执行者不信任程度最高，集体承包类型的牧户对政策执行人员信任程度最高，对政策执行者最信任是联户牧户(表 4-6)。

表 4-6　草场承包类型与信任感知的列联表

承包类型	信任感知				
	非常信任	信任	一般	不信任	很不信任
联户承包	33.30%	8.30%	25.00%	12.50%	20.80%
独户承包	23.50%	13.30%	16.90%	18.30%	28.00%
集体承包	23.30%	25.00%	16.70%	5.00%	30.00%

第四，承包草场类型与牧草高度评价之间不完全独立。牧户承包草场类型不同，对政策改善牧草高度作用的评价存在显著差别：38.20%独户承包户认为政策对提高牧草高度作用不大，66.60%集体承包户认为政策对改善牧草高度有积极作用(表 4-7)。

表 4-7　草场承包类型与牧草高度评价的列联表

承包类型	对提高牧草高度的评价				
	没作用	基本没用	有一点作用	有积极作用	很有积极作用
联户承包	4.20%	25.00%	29.20%	25.00%	16.70%
独户承包	15.80%	22.40%	17.70%	18.80%	25.20%
集体承包	26.70%	6.70%	18.30%	25.00%	23.30%

以上列联分析皆通过卡方检验，其相应统计指标汇总如下(表 4-8)。

表 4-8　交叉分析结果汇总表

列联表名称	Pearson 卡方值	Sig	Phi	Cramer's V
性别与奖惩认知	12.872	0.012	0.170(0.012)	0.170(0.012)
年龄与政策种类认知	306.911	0.016	0.830(0.016)	0.451(0.016)
承包类型与信任感知	133.637	0.092	0.175(0.092)	0.124(0.092)
承包类型与牧草高度评价	16.145	0.04	0.190(0.04)	0.135(0.04)

第四节　牧户对草原生态补奖政策认知与评价的实证分析

一、信度与效度分析

为验证指标选取的有效性与调查过程的无偏性，使用 SPSS 20.0 软件对问卷进行信度和效度检验。信度是指测量结果具有一致性和稳定性的程度，问卷信度分析利用 Cronbach's α 系数判断。结果显示，问卷整体 Cronbach's α 系数为 0.821，政策内容认知、政策执行认知、生态效果评价、生计效果评价 Cronbach's α 系数均高于 0.80（表 4-9）。根据判断标准，问卷设计较合理。问卷效度是指测量工具可以正确反映测量程度的特征，有内容效度、标准效度和结构效度 3 种类型（易丹辉，2008）。为了判断文中测量工具能够推论理论模型的程度，本部分利用验证性因子分析来评价问卷的结构效度。结果显示，在 1%显著性水平上，问卷整体 KMO 值为 0.789，Bartlett 球形检验卡方值为 3294.792，各观测变指标的因子载荷除 X_{22}外均大于 0.6，说明问卷结构效度良好。

表 4-9　变量信度与结构效度分析结果

潜变量	变量名称	因子载荷	α 值
政策内容认知	X_{11} 对政策种类的了解	0.708	0.829
	X_{12} 对超载过牧处罚和草畜平衡奖励的了解	0.798	
	X_{13} 对补贴金额及发放程度的了解	0.752	

续表

潜变量	变量名称	因子载荷	α 值
政策执行认知	X_{21}对政策执行者的信任	0.853	0.825
	X_{22}对政策公平性的认知	0.516	
	X_{23}对相关信息透明度的判断	0.850	
生态效果评价	Y_{11}对提高牧草产量的作用	0.750	0.893
	Y_{12}对增加植被种类的作用	0.721	
	Y_{13}对改善草原风沙的作用	0.729	
	Y_{14}对增加牧草高度的作用	0.723	
	Y_{15}对防治鼠虫害的作用	0.617	
生计效果评价	Y_{21}对收入保障的促进程度	0.872	0.878
	Y_{22}对牧业生产条件的改善程度	0.785	
	Y_{23}对降低生计风险的作用	0.768	

二、模型检验与修正

根据理论模型构建模型 1，运用 Amos 22.0 软件，利用极大似然估计方法对模型 1 进行参数估计和模型修正，得到政策内容认知、政策执行认知对政策生态效果评价、政策生计效果评价影响的分析结果(图 4-1)。

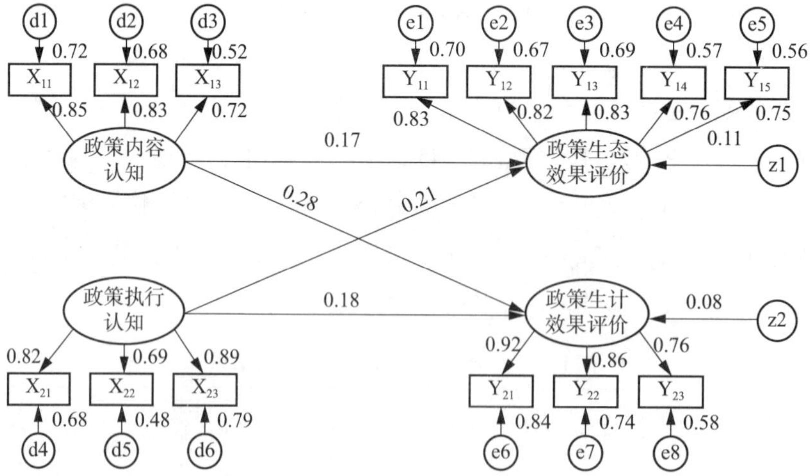

图 4-1　模型 1 标准化结果

为提高模型预测精度，从理论构建分析模型修正是否必要，需查看模型修正指数。邱皓政(2009)认为，修正指标卡方值>5，表示变量间具有统计意义，可考虑在SEM中添加路径，但新路径要符合理论且路径系数具有显著性。模型输出的修正指数值(表4-10)显示，协方差修正指标中，最大值为e3与e4修正指标，M. I. 值为20.823，在e3与e4间增加一条相关路径可减少模型整体卡方值。

表4-10 模型修正指数值

变量1	路径关系	变量2	M. I.	Par Change
政策内容认知	<-->	政策执行认知	8.331	0.198
z1	<-->	z2	8.278	0.141
e4	<-->	政策执行认知	9.718	0.207
e3	<-->	e4	20.823	-0.166
e2	<-->	e4	9.449	0.106
e1	<-->	e5	11.553	-0.092
e1	<-->	e3	16.334	0.112
d5	<-->	政策内容认知	4.833	0.081
d5	<-->	e8	8.406	-0.091
d5	<-->	e5	4.738	0.058
d5	<-->	e2	9.144	-0.080
d6	<-->	e8	9.271	0.120
d3	<-->	e6	4.344	-0.082
d3	<-->	d6	4.228	0.100
d2	<-->	d4	6.355	-0.118
d1	<-->	政策执行认知	6.457	0.126
d1	<-->	e6	4.481	0.057
d1	<-->	d4	10.679	0.119
d1	<-->	d5	6.877	0.070
d1	<-->	d6	9.485	-0.103

根据以上分析修正原有模型，设置模型2，在e3与e4间添加路径。修正后的假设模型及参数标签名称如图4-2所示。

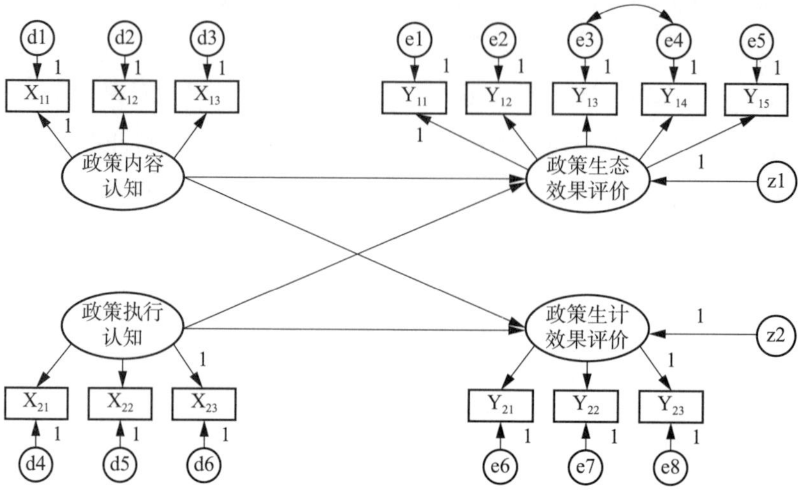

图 4-2　模型 2 路径关系图

为了检验调研数据与理论模型是否适配或契合，运用 Amos 22.0 对模型 1、模型 2 进行整体适配度检验(表 4-11)。在估计过程中，模型隐含的协方差矩阵与样本协方差矩阵越接近，表示被估模型的适配度越佳(吴明隆，2010)。检验结果显示，模型 2 的简约适配度指标、绝对适配度指标与增值适配度指标均优于模型 1，说明调研数据更契合模型 2。

表 4-11　模型适配度判断

适配指标	简约适配度指标			绝对适配度指标			增值适配度指标			
	χ^2/df	PGFI	PNFI	GFI	AGFI	RMSEA	NFI	TLI	CFI	IFI
建议值	$1<\chi^2/df<3$	>0.50	>0.50	>0.90	>0.90	<0.08	>0.90	>0.90	>0.90	>0.90
模型 1	2.508	0.656	0.759	0.944	0.919	0.058	0.946	0.959	0.967	0.967
模型 2	2.091	0.653	0.756	0.953	0.931	0.05	0.956	0.97	0.976	0.976

三、实证结果分析

运用 Amos 22.0 软件，利用 MLE 对模型 2 进行参数估计，得到分析结果(图 4-3)。

对比模型 1 与修正模型(模型 2)的参数估计结果(表 4-12)：模型 2 比

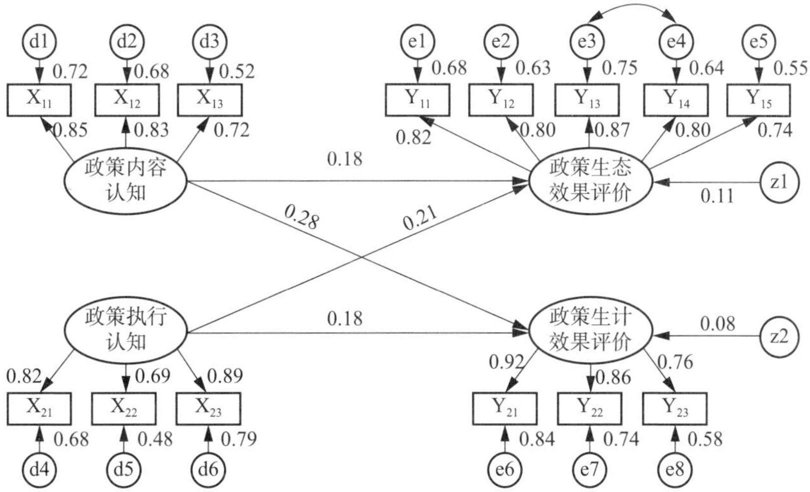

图 4-3　模型 2 标准化结果

模型 1 卡方值下降了 20. 823，检验统计量临界比 C. R. 有所提升，模型系数显著性保持不变，虽然个别参数估计系数出现小幅度变动，但修正模型解释能力无变化。需要说明的是，由于 e3 与 e4 相关关系的加入，模型修正后整体卡方值至少下降 20. 823，e3 与 e4 间相关关系协方差估计结果为 -0. 231，标准化的相关系数为-0. 434，意味着牧草高度评价、草原风沙评价两个观测变量不能被生态效果评价解释的部分存在显著的负相关。现有文献已证明，植被具有防风蚀效果，积沙量随着植被高度增加呈指数变化（黄富祥，2001；张鹏，2005；王树立，2005）。由于牧草高度与草原风沙存在负相关证据，对牧草高度评价与草原风沙评价呈负相关系符合现实情境。

表 4-12　结构方程模型参数估计结果

影响路径	非标准化路径/载荷系数		标准化路径/载荷系数		C. R.		*P* 值	
	模型 1	模型 2	模型 1	模型 2	模型 1	模型 2	模型 1	模型 2
政策生态效果评价←政策内容认知	0. 185	0. 187	0. 171	0. 175	3. 242	3. 383	0. 001	***
政策生计效果评价←政策内容认知	0. 215	0. 215	0. 211	0. 211	3. 924	3. 928	***	***

续表

影响路径	非标准化路径/载荷系数		标准化路径/载荷系数		C. R.		*P* 值	
	模型 1	模型 2	模型 1	模型 2	模型 1	模型 2	模型 1	模型 2
政策生态效果评价←政策执行认知	0. 22	0. 22	0. 279	0. 283	5. 22	5. 385	***	***
政策生计效果评价←政策执行认知	0. 134	0. 134	0. 180	0. 180	3. 365	3. 362	***	***
X11←政策内容认知	1. 000	1. 000	0. 851	0. 851	—	—	—	—
X12←政策内容认知	1. 223	1. 223	0. 826	0. 827	16. 734	16. 742	***	***
X13←政策内容认知	1. 088	1. 088	0. 719	0. 719	15. 195	15. 203	***	***
X21←政策执行认知	1. 000	1. 000	0. 886	0. 888	—	—	—	—
X22←政策执行认知	0. 513	0. 512	0. 69	0. 69	15. 166	15. 135	***	***
X23←政策执行认知	0. 972	0. 968	0. 823	0. 822	17. 235	17. 235	***	***
Y11←政策生态效果评价	1. 000	1. 000	0. 834	0. 825	—	—	—	—
Y12←政策生态效果评价	0. 913	0. 902	0. 816	0. 797	19. 671	19. 690	***	***
Y13←政策生态效果评价	0. 998	1. 052	0. 831	0. 865	20. 955	21. 364	***	***
Y14←政策生态效果评价	1. 043	1. 115	0. 757	0. 800	17. 831	18. 615	***	***
Y15←政策生态效果评价	0. 776	0. 775	0. 751	0. 741	17. 458	17. 74	***	***
Y21←政策生计效果评价	1. 000	1. 000	0. 763	0. 763	—	—	—	—
Y22←政策生计效果评价	0. 994	0. 994	0. 860	0. 860	18. 895	18. 895	***	***
Y23←政策生计效果评价	1. 265	1. 265	0. 917	0. 917	19. 207	19. 207	***	***

注：＊＊＊对应 0. 1%显著性水平。

模型 2 估计结果(图 4-3)表明：牧户政策内容认知、政策执行认知对政策生态效果评价的影响均在 1%的水平上显著；牧户政策内容认知、政策执行认知对政策生计效果评价的影响均达到了 1%的显著水平。这表明牧户政策内容认知与政策执行认知对政策生态效果评价均有显著的正向影响，从而验证了假设 H_1 与 H_3。同时，牧户政策内容认知和政策执行认知对政策生计效果评价有显著的正向影响，进而验证了假设 H_2 与 H_4。以上分析说明：牧户政策内容认知和政策执行认知与草原生态补奖政策评价正相关；提升牧户政策内容认知可促进牧户对草原生态补奖政策生计改善效果与生态改善效果的评价，提升牧户政策执行认知可促进牧户对草原生态补奖政策生计改善效果与生态改善效果的评价。

由于潜变量测量单位不同，非标准化路径系数无法直接比较。因此，采用标准化路径系数（载荷系数）[①]，直接比较不同变量影响作用的大小。修正模型（模型 2）的标准化路径系数显示：第一，政策内容认知对政策生计效果评价的影响程度（0.211）大于对生态效果评价的影响程度（0.175），即牧户政策内容认知提升 1 个单位，政策生态效果评价将提高 0.175 个单位，政策生计效果评价将提高 0.211 个单位；第二，政策执行认知对生态效果评价的影响（0.283）大于其对生计效果评价的影响（0.180），牧户政策认知提升 1 个单位，牧户对草原生态补奖政策的生态效果评价将提升 0.283 个单位，牧户对该政策的生计效果评价将提升 0.180 个单位。可能原因是，在草原补奖政策的执行中，牧户对政府人员越信任，对政策执行感知越公平、越透明，越会遵守草原补奖政策而减少违规行为，从而发挥政策的草原生态保护作用；第三，政策内容认知路径显示，政策奖惩认知载荷最小（0.719），政策种类认知载荷最大（0.851），其次是政策补贴认知（0.826），说明"政策种类了解程度"指标对"政策内容认知"指标解释能力最强。影响牧户政策执行认知的路径关系包括对政策执行人的信任感知、对政策执行的公平性感知、对政策执行的透明性感知。政策执行认知路径显示，公平性感知载荷最小（0.69），信任感知载荷最大（0.888），其次是政策透明度感知（0.822），说明政府人员信任评价对政策执行认知解释能力最强。

---

① 标准化路径系数是将各变量原始分数转换为 Z 分数后得到的估计结果，用以衡量变量之间的相对变化水平。

四、政策认知与政策评价因子得分

由理论分析可知，当草原生态补奖政策实施后，牧户会形成对政策的认知与评价，即牧户基于政策认知产生政策评价，从而判断是否响应草原生态补奖政策行为。因此，牧户对政策的认知与评价从另一个侧面反映了草原生态补奖政策实施效果。在本书，政策认知是指牧户对草原生态补奖政策的内容认知和执行认知，政策评价是牧户对政策生态效果和政策生计效果的评价。理论分析表明，政策认知会影响政策评价，且政策认知与政策评价又会进一步影响牧户后续生产决策行为。因此，为更好地解释草原生态补奖政策对牧户生产决策行为的影响，本书在后续章节将政策内容认知、政策执行认知、政策生态效果评价、政策生计效果评价作为牧户生产决策行为的影响因素。

牧户政策内容认知、政策执行认知、政策生态效果评价、政策生计效果评价指标都是不可观测变量，且每个变量都有两个以上测量变量，因此，需要在结构方程建模的基础上，求出潜变量因子得分，并将因子得分作为后续实证变量。本研究运用 Amos 22.0 软件，求得政策内容认知、政策执行认知、政策生态效果评价、政策生计效果评价潜变量的因子得分，结果见表 4-13。

表 4-13　潜变量因子得分

潜变量	X_{11}	X_{12}	X_{13}	X_{21}	X_{22}	X_{23}	Y_{11}
政策内容认知	0.379	0.255	0.142	−0.003	−0.002	−0.004	0.004
政策执行认知	−0.006	−0.004	−0.002	0.274	0.226	0.477	0.008
政策生计效果评价	0.008	0.006	0.003	0.004	0.003	0.006	0.000
政策生态效果评价	0.005	0.004	0.002	0.005	0.004	0.008	0.146
潜变量	Y_{12}	Y_{13}	Y_{14}	Y_{15}	Y_{21}	Y_{22}	Y_{23}
政策内容认知	0.003	0.008	0.006	0.003	0.013	0.009	0.004
政策执行认知	0.007	0.017	0.011	0.006	0.013	0.009	0.004
政策生计效果评价	0.000	0.000	0.000	0.000	0.394	0.27	0.132
政策生态效果评价	0.133	0.321	0.211	0.109	0.000	0.000	0.000

第五节　本章小结

本章基于社会认知理论，利用青海省牧区牧户调研数据，运用结构方程模型探索草原生态补奖政策认知与政策评价间的关系。研究表明：①政策内容认知显著正向影响政策评价，当政策内容认知提高1个单位，政策生计效果评价提高0.211个单位，政策生态效果评价提高0.175个单位。这表明，牧户对草原生态补奖政策种类了解越清晰，对超载过牧处罚和草畜平衡奖励措施的了解程度越高，对补奖补贴发放程度及金额的了解越深入，越会遵守草原生态补奖政策，对政策效果评价越高。②政策执行认知显著正向影响政策评价。当政策执行认知提升1个单位，政策生态效果评价提升0.283个单位，政策生计效果评价提升0.180个单位。这表明，牧户对政策执行者的信任程度越高，对政策执行程序的公平性和透明程度的感知程度越高，其对草原生态补奖政策的生态效果与生计效果评价越高。③政策执行认知对生态效果评价的影响作用大于政策内容认知。这表明，牧户对政策执行者的信任程度、对政策执行过程中公平性和透明性的感知，可影响牧户对是否遵守草原生态补奖政策的判断。

第五章

草原生态补奖政策对退牧决策的影响

第一节 问题的提出

在青海省，草原的主要利用形式是牲畜放牧。近几十年来，由于过牧、气候变化、草原过度开发及乱采滥挖中草药，青海省草原资源受到严重破坏(Feng，2005；Fan，2010)。草原的退化，不仅制约了农牧民增收，也不利于畜牧业可持续发展，更严重威胁到我国生态安全。面对以上问题，青海省于2011年9月全面启动草原生态补奖政策措施，用于“保护草原生态、保障牛羊肉等特色畜产品供给、促进牧民增收”。但是，草原生态补奖政策的实施为草地畜牧生产带来了“成本困境”。按照政策要求，牧户生产用草场按照实际退化程度被划分为禁牧草场和草畜平衡草场，禁牧草场内严禁放牧，草畜平衡草场内要按照核定载畜量放牧。这些政策措施使得牧户生产用草场面积缩减，饲料用量增大，畜牧业利润减少(程秀丽，2010；陈海燕，2013)。

虽然承受着饲养成本上升与利润降低的压力，在政策初期，却较少有牧户退牧，牧户仍主要以畜牧业为生。随着饲料投入的增加与羊价的下跌，牧户不得不在超载过牧与草畜平衡间作出抉择。在放牧生产中，草畜平衡是指牧户按草畜平衡草场的核定承载力放牧，超载过牧是指放牧牲畜量超过草场核定承载力。显然，在无监管状态下，超载过牧收益要高于草畜平衡下的放牧收益。因此，一些牧户怀着侥幸心理，开始超载过牧，甚至“偷牧、盗牧”。

面对超载过牧等行为，青海省政府通过制定严格的监管制度予以应对。如聘用草管员巡查草场，制止超载过牧行为；颁布《青海省天然草原禁牧和草畜平衡管理暂行办法》①等法规，对超载过牧罚款，甚至对情形严重者采取法律手段处理②。在调研中笔者发现，多县基层政府制止超载过牧方法相似：以村为单位，截留整村牧户30%补奖补贴。如果在年底考核中某一牧户不遵守禁牧、草畜平衡规定，经村(牧)委会报乡政府审核同意后，其30%补奖补贴被村(牧)委会扣除，扣除资金用于奖励其他履约牧户和草原建设。

可以看到，在草原生态补奖政策的持续影响下，过牧现象得到了遏制，多数牧户按照草畜平衡标准进行生产。然而，随着放牧收益的降低，退牧牧户开始增多。退牧还是留牧，成为按草畜平衡标准放牧的牧户必须要面对的选择。调研显示，牧户留牧与退牧各有其原因。对留牧牧户来说，继续从事畜牧业生产，虽然在一定时期内牧业收入会下降，但相关补贴可弥补一部分损失，且“留牧”没有打破原有家庭生活模式，肉、奶、毛等畜产品可自给自足，不需要额外购买。对于退牧牧户来说，牧业收益降低与过牧处罚严厉是退牧的主要原因。此外，牧户退牧后仍可获得承包草场的补奖补贴，还可获取草畜平衡草场的转租租金。与出租草场和打工相比，畜牧业劳动更具风险性且更辛苦。作为理性经济人，牧户留牧动机减小，从而出现了退牧行为。

草原生态补奖政策是我国最大型的草地生态补偿政策，其对畜牧业生产带来的影响是学术界和政府关注的重点。由于草原生态补奖政策的实施，牧户的生产行为经历了“过牧—草畜平衡—退牧”的变化，这一变化关系到草原生态补奖政策的生态效果与生计效果的实现。因此，关于草原生态补奖政策对牧户退牧行为的研究尤为重要。

目前关于草原生态补奖政策对牧户退牧行为的研究较少。现有对农(牧)业退出决策的研究表明，影响退出决策的因素呈现多样性，如价格、

---

① 青海省农牧厅网站，http://www.qhagri.gov.cn/Html/2015_05_18/2_176363_2015_05_18_181816_2.html.

② 该办法规定，对于逾期不改正的超载行为，处罚标准是：超载率<30%，每个超载羊单位罚款10元；30%≤超载率<50%，每个超载羊单位罚款20元；超载率≥50%，每个超载羊单位罚款30元。对于扰乱管理秩序、阻碍依法执行公务行为，由公安机关给予处罚；构成犯罪的，依法追究刑事责任。

饲料成本、年龄、就业率、产量、教育、政府计划、移民政策、行业结构变化与劳动力短缺等（Chavas，1988；Zepeda，1995；Rahelizatovo，1999；Tauer，2006）。L. A. Bragg（2004）通过对埃塞俄比亚南部农村青年的土地使用权和生计选择的考察，发现无法获得土地使用权是迫使年轻人退出农业的主要原因。Bragg（2004）的研究表明，除了奶价低和收入低会导致经营者退出牧业生产外，生产者年龄、非农收入的重要性及农场收入多样性也会导致经营者退出牧业生产，即随着生产者老龄化及非农收入对总收入重要性的增加，生产者退出牧业可能性会增加，这一结论部分与 Gale（1994）的结论相似。Susanto（2010）认为，在奶牛养殖生产中，随着外国劳工雇佣率的增加，奶农退出奶牛养殖的预期概率也会增大，随着饲养规模的扩大，退出预期概率也迅速减小。与之不同的是，Ferguson（2013）从牧户感知入手，得出身份价值和商业价值的相互作用对退出计划比对扩张计划有更大积极影响的结论。在退出决策研究方法选择上，Stokes（2006）最早使用马尔可夫链模型来模拟分析农场的退出和扩展可能性，O'Donnell（2011）通过线性回归模型得出了影响农民退出决策的关键因素是继承、地点、农场规模、设施标准和年龄。大部分学者都是采用 Logit 模型测度退出决策影响因素的（Kimhi，1999；Bragg，2004；Hoppe，2006；Genius，2011）。

以上文献没有重视牧户在实际决策过程中，从过牧到草畜平衡再到退牧生产决策的渐进变化，忽略了留牧牧户可能存在过牧和草畜平衡的两种状态。与此同时，草原生态补奖政策对牧户原有生产决策产生了广泛而又深刻的影响，开展该政策对青海省牧区牧户退牧决策影响的研究，能够为减轻草场压力及出台配套补偿政策提供相关参考。

第二节　理论分析

一、草原生态补奖政策对牧户退牧决策影响的机理分析

Swift（1988）认为，草原牧户是指至少家庭收入的 50%来自畜牧业或与

畜牧业相关的活动的家庭。本书定义的牧户是指居住在草原牧区，且以草地畜牧业为主要收入来源的家庭。牧户在从事畜牧业生产时要面对自然风险和市场风险，除追求利益最大化目标外，规避风险也是牧户的重要目标（宋圭武，2002）。因此，面对草原生态补奖政策带来的影响，“利益最大化”和“规避风险”的决策目标始终贯穿牧户生产行为。

在草原生态补奖政策初期，虽然牧户面临生产资料（草场）减少，饲养成本提升的问题，但受牧区就业制约和自身能力限制，为规避转移就业风险，牧户仍采用原有生计策略。但是，在追求“利润最大化”下，牧户会作出第一个生产决策——是否过牧。虽然过牧会带来收益的提高，但过牧会受到严厉处罚，在“规避风险”下，按规定放牧的牧户不得不作出第二个生产决策——是否退牧。这一机理过程可用图 5-1 表示。

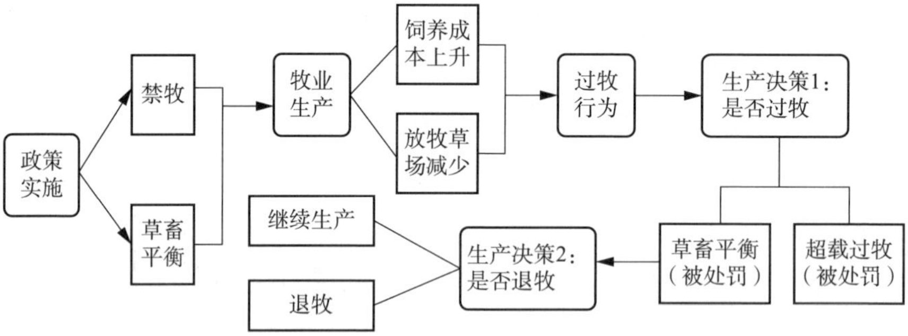

图 5-1　退牧决策产生机理图

以上分析说明，在草原生态补奖政策影响下，牧户退牧决策并不是一次形成的。在草畜平衡决策与退牧决策中，牧户始终以利益最大化与规避风险为导向。因此，本章采用效用函数来构建牧户退牧决策模型。

设 U_e 为退牧效用函数，U_s 为继续生产效用函数，当 $U_e>U_s$ 时，牧户选择退牧，此时，牧户退牧决策概率为：

$$P_i=P(U_e>U_s)$$

其中，

$$U_e=\beta_1X_{e1}+\beta_2X_{e2}+\cdots+\beta_kX_{en}+\varepsilon_e=\beta X_{en}+\varepsilon_e=V_e+\varepsilon_e \quad (5.1)$$

$$U_s=\beta_1X_{s1}+\beta_2X_{s2}+\cdots+\beta_kX_{sn}+\varepsilon_s=\beta X_{sn}+\varepsilon_s=V_s+\varepsilon_s \quad (5.2)$$

式中，ε_e 为退牧效用函数的随机误差项；ε_s 为继续生产效用函数的随机误差项；V_e为影响牧户退牧决策的相关因素，V_s为影响牧户继续生产决策的相关因素。牧户退牧决策概率可表达为：

$$P_i = P(U_e > U_s) = P(\varepsilon_s - \varepsilon_e < V_e - V_s) \tag{5.3}$$

假设随机误差项服从正态分布，有：

$$\varepsilon_e \sim N(0, \sigma^2) \quad \varepsilon_s \sim N(0, \sigma^2) \tag{5.4}$$

$$= \int_{-\infty}^{V_e - V_s} \frac{1}{\sqrt{2\pi\sigma}} e^{-\frac{\varepsilon 2}{2\sigma^2}} \mathrm{d}\varepsilon, \ \sigma > 0 \tag{5.5}$$

$$= \int_{-\infty}^{V_e - V_s} \frac{1}{\sqrt{2\pi\sigma}} e^{-\frac{n2}{2\sigma^2}} \mathrm{d}u \tag{5.6}$$

式(5.6)表示退牧决策的标准正态分布的累积分布函数，此时牧户选择退牧概率为：

$$P_n(i) = \Phi\left(\frac{V_e - V_s}{\sigma}\right) \tag{5.7}$$

式(5.7)是Probit模型的表达式，由文献分析可知，牧户退牧行为受多因素影响，因此，牧户退牧决策模型为：

$$P_n(i=1) = \Phi(\beta_1 X_1 + \beta_2 X_2 + \cdots + \beta_k X_k) \tag{5.8}$$

式中，X为牧户退牧决策影响因素；β为待估计系数。效用函数只是潜变量起到中介作用，用于推导牧户退牧决策行为模型。

牧户草畜平衡放牧模型的推导过程与上文相同，设U_b为牧户草畜平衡放牧的效用函数，U_o为牧户违规放牧的效用函数，则牧户实施草畜平衡生产的概率为：

$$P_r(n) = \Phi\left(\frac{U_b - U_o}{\sigma}\right) \tag{5.9}$$

此时，牧户草畜平衡放牧决策模型为：

$$P_r(n = 1) = \Phi(\alpha_1 X_1 + \alpha_2 X_2 + \cdots + \alpha_s X_s) \tag{5.10}$$

二、研究假设

草原生态补奖政策包括两方面含义。第一，草原生态补奖政策的实施。草原生态补奖政策的实施重点在于将牧户草场划分为禁牧草场和草畜平衡草场。禁牧草场内禁止放牧，五年后根据草场生态恢复状况，由政府评估是否可重新用于畜牧业生产；草畜平衡草场内限制牧户放牧强度，根据草地核定载畜量来确定草地可承载羊单位。第二，草原生态补奖政策对牧户的补偿。由于草场被禁牧、限牧，牧民承担生产损失。政府通过发放禁牧补助与草畜平衡奖励补贴，弥补牧户损失，鼓励牧户按草畜平衡原则使用草场。因此，本书用禁牧草场面积占比、草原生态补奖政策补贴金额和核定载畜量来揭示草原生态补奖政策的实质。

研究表明，牧户决策行为复杂，受外部和内部因素、信息提供和监管的影响(Ahearn，2005；Gallerani，2008；Viaggi ，2011)。影响牧户生产决策行为的因素不仅受农户特征、家庭特征、生产特征等内部因素的影响(Vanslembrouck，2010；Edwards-Jones，2006)，也受政策法规、农业补贴、信息来源、地区自然禀赋等外部因素影响(Behnke，2005；Solano，2003)。退牧行为是牧户在从事畜牧业过程中的生产决策行为，受以上因素影响。

假设1：禁牧草场面积占比对退牧行为产生正向影响，核定载畜量对退牧行为产生负向影响。

牧户承包草场面积为 G，禁牧草场面积为 G_1，草畜平衡草场(生产用草场)面积为 G_2。

政策实施前，牧户生产用草场为 G；政策实施后，牧户生产用草场 $G_2=G-G_1$。

则有：

$$G=G_1+G_2 \tag{5.11}$$

当 $G_1=G$ 时，草场全部禁牧，牧户将无法从事畜牧业生产，此时牧户被迫退出畜牧业。

当 $G_1=0$ 时，牧户无禁牧草场，全部草场可用于畜牧业生产。

可知，牧户拥有草场有三种可能情形：第一种全部是禁牧草场，第二种全部是草畜平衡草场，第三种草场由禁牧草场与草畜平衡草场共同构成。在实地调查中，全禁牧草场的牧户数量极少，且全部退牧。在第二、第三种情形下，假设牧户不违反禁牧和草畜平衡规定，牧民可采用半舍饲生产方式，并可自由决定是否退牧。本章以第二、第三种情形，即拥有草畜平衡草场的牧户为研究对象。

将式(5.11)变形，有：

$$G_2/G=1-G_1/G \tag{5.12}$$

当 G_1 越大时，G_2 越小，牧户生产用草场面积越小。若牧户饲养方式不变，且牧户按照核定载畜量放牧，当禁牧草场面积占比越大时，牧户饲养规模越小。因此，禁牧草场面积占比对饲养规模产生负向影响。核定载畜量是政府根据牧户草场状况确定的放牧牲畜头数。核定载畜量值越低，说明当地草场生态恶化越严重，可放牧牲畜头数越少，牧户畜牧业收入与利润越低，牧户退牧概率越大。因此，在不考虑其他因素情形下，随着禁牧草场扩大，生产用草场随之缩小，牧户退牧的概率增大；随着核定载畜量减小，牧户退牧概率增大。

假设2：草原生态补奖补贴对退牧行为产生正向影响。

文献表明，农业政策对农户(牧户)生产决策行为产生影响(陈秋红，2010；Gao，2016)。其变化机理是：农业政策通常以补贴和价格支持为目的进行收入补助，影响了农业结构的变化速度(Breustedt，2007)。农业结构变化会引起农户(牧户)生产行为的变化。根据Hay(1991)和Gallerani(2007)对农户收入的定义与分类，社会转移支付属于非农收入。研究显示，非农收入是决定农民是否退出农业生产的重要因素(Kimhi，2000；Kimhi，1999)。首先，非农收入反映了农民对自身的身份认同，农民非农收入比例越大，对于自身的农民身份越不认同(Goetz，2001)。其次，随着非农工作的增加，农民退出农业的可能性增加(Pfeffer，1989；Roe，1995)。其中一个解释是非农收入对家庭劳动力在农业上的投入产生了负效应(Pfeffer，1989)，因而造成农户退出农业生产。草原生态补奖补贴包括禁牧补贴和草畜平衡奖励，其实质是一种政府对环境保护、畜牧业农业生产进行的转移支付。因此，草原补奖补贴属于非农收入。因此，在不考虑其他因素情形下，牧户获得的草原生态补奖补贴越多，牧户退牧的概率越大。

假设3：户主特征、家庭特征与草场特征显著影响退牧行为。

第一，户主特征对退牧行为产生影响。

①户主性别。有研究反映，性别在牛奶生产决策行为、农业低碳生产行为决策中具有显著效应（Mcpeak，2010）。其原因可能是户主在家庭劳动力安排和生产决策方面拥有决定权，且男性户主对新生事物的接受能力要高于女性户主（许恒周，2012）。

②户主年龄与从业年限。随着年龄的增加，户主的生产经验随之增加，从业时间也增加。由于受传统观念和习俗根深蒂固的影响，加之自身能力与精力有限，中老年牧户一般只愿维持现状。因此，本部分假设年龄、从业年限对退牧行为有负向影响。

③受教育程度。王娅（2014）研究发现，牧户的文化程度越高，越倾向于转变畜牧生产方式，参加非农就业。因此，本部分假设牧民文化程度越高，越易退出畜牧业，文化程度对退牧行为有正向影响。

④牧户家庭区位与是否有虫草收入。Aldanondo Ochoa（2007）认为农场位置与非农就业机会相关，偏远地区非农业替代方案和机会少，非农就业机会较少，因此本部分假设牧户家庭区位对退牧行为呈负向影响。虫草收入属于非农收入，虽持续时间短，但收入金额较高，因此虫草收入对退牧行为呈正向影响。

第二，家庭特征、草场特征对退牧行为产生影响。

①家庭成员最高学历与牧户文化程度一样，反映了牧户家庭的人力资本潜力。家庭成员学历越高，对家庭决策产生的影响越大。因此，本部分假设随着牧户家庭成员学历的提高，牧户退牧概率随之增大。

②家庭劳动力人数。洪自同（2012）在研究农户粮食种植行为时发现，劳动力多寡对农户粮食种植有比较显著的影响，家庭劳动力越多，分配较多劳动力在粮食种植上的可能性越大。据此，假设牧户家庭畜牧业劳动力越多，牧户退牧可能性越小；牧户家庭打工人口越多，牧户退牧生产的可能性越大。

③畜牧业收入占比。有文献认为，农户的家庭经济基础越殷实，农业生产过程中的成本投入能力越强（江激宇，2012）。畜牧业收入占比反映了牧户生计来源与生计策略，牧户家庭畜牧业收入占比越高，牧户退出畜牧业的可能性越小。

④有替代生计、合作社入社与培训对退牧行为产生影响。由于草地畜牧业劳动强度大、风险高、收益低，且需要居住在偏远地区，有替代生计时，牧户愿意选择更稳定、收入更高的生计策略。因此有替代生计的牧户退牧的概率会增大。加入合作社后，牧户的牲畜、草场由合作社统一管理，此时牧户从事非农工作的时间增加，因而退牧概率增大。培训为牧户增加了非农就业资本，因此培训会增大牧户退牧概率。

⑤种草面积。实际调研中发现，牧户购买饲料成本高于自己种植饲草成本。在以牲畜饲养为主要农业经营活动的牧户中，牧户种草面积越大，退牧可能性越小。

第三节　模型构建、变量选取与描述性统计分析

一、变量选取

为了验证前文假设，除了草原生态补奖政策变量外，本部分将户主个体特征、家庭特征、草场特征等作为控制变量纳入模型。

(1)因变量。

牧户草畜平衡行为是指在一定的草地面积上，在一定利用时间内，牧户草场所承载饲养家畜的头数符合政府核定载畜量的生产行为。与此相对应的行为是牧户超载过牧行为。牧户超载过牧行为不仅仅指过牧，还包括偷牧、盗牧，极大程度上破坏了草原生态。本部分依据 2016 年牧户草地核定载畜量数据，结合牲畜饲养数据，判断牧户是否草畜平衡。牧户实施草畜平衡行为，则因变量取值为 1，否则取值为 0。

牧户退牧行为是指牧户退出畜牧业生产的行为，与之相对应的行为是留牧行为(继续从事畜牧业生产)。牧户退牧后，有可能会离开居住地，也有可能会继续在当地居住，但牧户退牧意味着生产者与草原使用权的分离。2011 年草原生态补奖政策开始实施，大部分牧户开始减畜，甚至退出

生产。但2013年以后，牧户生产状态开始稳定，本部分以2015年牧户生产数据为基准，以2016年牧户生产数据为参照，以存栏羊单位、出栏羊单位的变化为标准，判断牧户退牧行为是否发生。牧户发生退牧行为，则因变量取值为1，否则取值为0。

(2)户主个体特征变量说明。

户主个体特征变量会影响牧户的认知和态度，从而进一步影响牧户草畜平衡行为与过牧行为。本部分选择户主性别、户主年龄、受教育程度、从业年限、民族、区位和是否有虫草收入作为影响牧户草畜平衡行为与退牧行为的自变量。

(3)家庭特征变量说明。

家庭特征变量包括牧户家庭特点与生产特征。本部分选择家庭成员最高学历、家庭总人口数、畜牧业人口数、打工人口数、是否有替代生计、是否加入合作社、是否参加培训和畜牧业收入占比作为影响牧户草畜平衡行为与退牧行为的自变量。由于舍饲决策变量(是否舍饲)与退牧行为有很强的共线性，因此，舍饲决策变量只作为草畜平衡行为的自变量，不作为退牧行为的自变量。

(4)草场特征变量。

草场特征变量描述了牧户草场特点。本部分选择草场承包类型(联户承包、集体承包)、草场承包面积、牧草种植面积作为影响草畜平衡行为与退牧行为的自变量。需要说明的是，牲畜存栏规模与退牧行为间存在较强的共线性，因此存栏规模只作为草畜平衡行为的自变量，不作为退牧行为的自变量。

(5)草原生态补奖政策变量。

本部分用禁牧草场面积占比、补奖补贴和核定载畜量作为影响草畜平衡行为与退牧行为的自变量。需要说明的是，由于这些变量间有较强的共线性，因此以上变量将取舍后纳入Heckman模型。

(6)政策认知评价潜变量。

前文分析表明，草原生态补奖政策认知与政策评价贯穿牧户生产全过程，因此会对牧户生产决策产生影响。本章将政策内容认知、政策执行认知、政策生态效果评价与政策生计效果评价纳入草畜平衡行为模型、退牧模型与 Heck-probit 模型中，以测度政策认知与政策评价潜变量对草畜平衡行为与退牧行为的影响。

自变量和因变量取值、描述与定义见表 5-1。

表 5-1 变量定义与描述性统计

	变量名	代码	描述及定义	均值	标准差
因变量	牧户草畜平衡行为	Y_1	1=草畜平衡；0=否	0.483	0.500
	牧户退牧行为	Y_2	1=退牧；0=继续从事畜牧业生产	0.170	0.376
户主个体特征变量	户主性别	Z_1	1=男；0=女	0.950	0.217
	户主年龄	Z_2	年龄	50.177	13.526
	受教育程度	Z_3	1=小学及以下；2=初中；3=高中、中专；4=大专、本科及以上	1.014	0.137
	从业年限	Z_4	户主从事畜牧业年限	32.432	14.938
	民族	Z_5	1=其他民族；0=藏族	0.050	0.217
	区位	Z_6	1=环湖区；0=三江源地区	0.337	0.473
	是否有虫草收入	Z_7	1=是；0=否	0.453	0.498
家庭特征变量	家庭成员最高学历	H_1	1=小学及以下；2=初中；3=高中、中专；4=大专、本科及以上	2.144	1.855
	是否舍饲	H_2	1=是；0=否	0.561	0.497
	家庭总人口数	H_3	家庭总人口数	4.719	2.557
	畜牧业人口数	H_4	家庭中从事畜牧业人口数	2.200	1.666
	打工人口数	H_5	家庭中打工人口数	0.415	0.745
	是否有替代生计	H_6	1=是；0=否	0.743	0.438
	是否加入合作社	H_7	1=是；0=否	0.304	0.461
	是否参加培训	H_8	1=是；0=否	0.328	0.470
	畜牧业收入占比	H_9	2016 年家庭总收入中畜牧业收入所占比重	0.565	0.419
草场特征变量	联户承包	G_1	1=是；0=否	0.033	0.179
	集体承包	G_2	1=是；0=否	0.125	0.331
	草场承包面积	G_3	单位亩	1972.004	2282.250
	牧草种植面积	G_5	单位亩	4.054	6.488
	存栏规模	G_6	2016 年存栏羊单位	92.450	92.576
草原生态补奖政策变量	禁牧草场面积占比	G_4	禁牧面积与家庭总承包面积比重	0.615	0.191
	核定载畜量	G_7	政府根据草场状况制定的草地放牧载荷值	68.538	82.815
	补奖补贴	G_8	2016 年补奖补贴金额(万元)	1.179	1.131

续表

	变量名	代码	描述及定义	均值	标准差
政策认知评价潜变量	政策内容认知	R_1	政策内容认知潜变量因子得分	2.935	0.870
	政策执行认知	R_2	政策执行认知潜变量因子得分	3.350	1.305
	政策生态效果评价	R_3	政策生态评价认知潜变量因子得分	3.216	1.105
	政策生计效果评价	R_4	政策生计评价认知潜变量因子得分	2.984	0.958

二、模型构建

牧户退牧决策生成机理说明，牧户退牧决策的出现是一个两阶段选择过程，Heckman 两阶段模型可用于模拟一个两步行为的合并决策（Yang，2014），且 Heckman 模型具有避免非随机样本选择偏差带来的估计偏误的优点（Heckman，1979）。因此本章选择 Heckman-probit 模型分析牧户退牧决策。

第一阶段模型用来估计牧户实施草畜平衡的概率，因变量为二元变量，表示牧户是否按照核定载畜量开展草畜平衡生产；自变量是影响牧户草畜平衡行为的外生变量。

$$Y_1 = P_r(n) = \alpha_0 + \sum_{i=1}^{n} \alpha_i X_i + \varepsilon_i \tag{5.13}$$

$Y_1=1$，$P>0$，表示牧户实施草畜平衡生产；$Y_1=0$，$P=0$，表示牧户未实施草畜平衡生产。式中，X_i表示影响草畜平衡生产行为的户主个体特征变量、政策认知评价潜变量、草场特征变量和草原生态补奖政策变量等；ε_i 表示误差项。

为避免样本选择性偏差，从一阶段 Probit 模型求逆米尔斯比（Inverse Miller Ratio，IMR）λ：

$$\lambda = \Phi(\hat{\alpha} X_i) / \varphi(\hat{\alpha} X_i) \tag{5.14}$$

式中，$\Phi(\hat{\alpha} X_i)$ 和 $\varphi(\hat{\alpha} X_i)$ 分别为标准正态分布的密度函数和累积分布函数。

第二阶段模型用来估计牧户退牧的概率，因变量为二元变量，表示牧户是否退出畜牧业生产；自变量是影响牧户退牧行为的外生变量，将一阶段估算的逆米尔斯比率作为修正项加入 Y_2 方程，得：

$$Y_2 = \beta_0 + \sum_{i=1}^{k} \beta_j X_j + \beta\lambda + \varepsilon_j \tag{5.15}$$

由于 λ 与样本误差呈线性关系，当 λ 估计不为零，且在统计上显著，表明样本选择偏差存在，应采用 Heckman 两阶段模型，否则，直接使用 OLS 进行估计。

三、描述性统计分析

研究用数据同样来自 2016 年对青海省牧区 445 户牧户的调查。但青海省牧区牧户多使用藏语，且居住分散，数据调研难度远大于农区，部分样本关键变量缺失数据且存在异常。为充分利用调研获得的有效信息，本章的有效样本是在前期有效样本内进一步筛选得到的 424 户样本。

(1)样本牧户人口分布特征分析。

从变量定义及描述性统计结果来看(表 5-1)，样本牧户多半来自三江源地区，牧户违规放牧行为略多于草畜平衡行为，继续生产牧户数量远多于退牧牧户；受访户主大多是小学教育程度的藏族男性，户主平均年龄约为 50 岁，平均从业年限为 32.432 年；从牧户家庭特征来看，牧户家庭成员最高学历平均为初中毕业；有略高于半数的牧户采取了舍饲、半舍饲生产方式；受访牧户家庭规模平均为 4.719 人，高于城市家庭平均规模；家庭中从事畜牧业人口数平均为 2.2 人，打工人口数为 0.415 人，即受访牧户家庭仍然以畜牧业生产为主要生计来源。替代生计变量均值反映，74.3%牧户家庭都有替代生计，但只有 30.4%的牧户加入合作社，参加过培训的牧户家庭只有 32.8%；在 2016 年收入中，牧户的畜牧业收入占比均值为 0.565。

(2)样本牧户生产特征分析。

样本牧户草场特征变量显示，牧户草场承包类型绝大多数是联户承包，其次是集体承包，联户承包所占比重很小。草场承包面积平均为 1972 亩，禁牧草场面积占比为 61.5%，说明样本牧户的畜牧业生产活动受草原生态补奖政策影响显著。牧草种植面积很小，均值只有 4.054 亩；存栏规模方面，样本牧户 2016 年存栏羊单位为 92.450 羊单位；补奖补贴收入为 1.179 万元。政策认知评价潜变量因子得分显示，牧户政策执行认知得分高于政策内容认知得分，政策生态效果评价得分高于政策生计效果评价得分。

(3)样本牧户成本收益分析。

为更好说明牧户退牧原因，现分析牧户四种行为的利润分布特征。由于 2016 年部分牧户已退牧，无畜牧业生产收入，故本文选取 2015 年牧户畜牧业生产利润数据与 2011 年数据作对比。结果(表 5-2)显示，草原生态补奖政策实施后，超载过牧户的盈利比率大于草畜平衡户，且随着草原生态补奖政策推进，牧户通过超载过牧盈利的比例在增大，这说明随着政策推进，草原生态逐步改善，超载过牧收益增大。因此政府部门应加强超载过牧监管。其次，在牧(留牧)牧户畜牧业生产利润明显高于退牧牧户，可能原因是留牧牧户的饲养技术、组织管理与成本控制等质量优于退牧牧户，这从侧面反映了草原生态补奖政策对牧户分化的促进作用。

表 5-2　样本牧户畜牧业生产收益分布

单位：户

牧户行为	2011 年畜牧业生产利润分布			2015 年畜牧业生产利润分布		
	>0	=0	<0	>0	=0	<0
草畜平衡	103 (50.24%)	64 (31.22%)	38 (18.54%)	105 (51.22%)	56 (27.32%)	44 (21.46%)
超载过牧	173 (79.00%)	17 (7.76%)	29 (13.24%)	195 (89.04%)	3 (1.37%)	21 (9.59%)
退牧	23 (31.94%)	36 (50.00%)	13 (18.06%)	15 (20.83%)	39 (54.17%)	18 (25.00%)
在牧	253 (71.88%)	45 (12.78%)	54 (15.34%)	285 (80.97%)	20 (5.68%)	47 (13.35%)

注：表 5-2 是牧户行为下的盈利分布，括号中的百分比是指牧户在某种行为下，亏损(保本或盈利)的牧户数量占该种行为牧户数量总和的比例。

第四节　模型估计与结果分析

一、模型 Probit 分步回归估计

根据理论分析可知，影响牧户退牧行为因素较多。为有效筛选变量，运用 Stata 14.0 软件分别对牧户草畜平衡行为与退牧行为进行 Probit 模型分析，结果见表 5-3。

表 5-3　Probit 模型回归结果

变量	Y_1		Y_2	
	Probit	逐步 Probit	Probit	逐步 Probit
Z_1	0.150(0.409)	—	-0.436(0.549)	—
Z_2	0.043(0.038)	—	-0.146(0.105)	—
Z_3	-0.256(0.614)	—	-1.323(0.917)	—
Z_4	-0.049(0.034)	-0.011**(0.006)	0.122(0.096)	—
Z_5	1.597**(0.514)	1.605**(0.503)	-0.137(0.716)	—
Z_6	-0.109(0.233)	—	-1.294**(0.510)	-0.815**(0.283)
Z_7	0.244(0.212)	0.326*(0.179)	-0.582(0.384)	—
H_1	0.019(0.051)	—	0.643**(0.150)	0.505**(0.123)
H_2	0.560**(0.202)	0.594**(0.192)	—	—
H_3	0.026(0.043)	—	-0.090(0.072)	-0.123**(0.062)
H_4	-0.292**(0.073)	-0.288**(0.066)	0.096(0.124)	—
H_5	0.371**(0.141)	0.355**(0.126)	0.337(0.253)	—
H_6	0.284(0.248)	—	0.384(0.700)	—
H_7	0.151(0.200)	—	-0.114(0.397)	—
H_8	0.590**(0.199)	0.675**(0.180)	0.426(0.372)	—
H_9	-1.513**(0.262)	-1.662**(0.216)	-2.168**(0.474)	-1.825**(0.369)

续表

变量	Y_1		Y_2	
	Probit	逐步 Probit	Probit	逐步 Probit
G_1	0.321(0.514)	—	0.336(2.001)	—
G_2	-0.170(0.278)	—	1.051**(0.400)	0.948**(0.330)
G_3	0.000(0.000)	—	0.000(0.000)	—
G_4	1.214**(0.549)	0.900*(0.519)	-0.918(0.882)	—
G_5	-0.028**(0.014)	-0.029**(0.013)	-0.039(0.035)	—
G_6	-0.006**(0.001)	-0.006**(0.001)	—	—
G_7	0.002(0.001)	—	-0.006**(0.003)	-0.005**(0.002)
G_8	0.261*(0.147)	0.305**(0.087)	0.630(0.392)	0.295*(0.179)
R_1	0.049(0.092)	—	0.772**(0.243)	0.664**(0.199)
R_2	0.087(0.064)	—	0.199(0.136)	0.198*(0.119)
R_3	0.277**(0.080)	0.291**(0.078)	0.273*(0.157)	—
R_4	0.310**(0.090)	0.315**(0.088)	0.604**(0.213)	0.410**(0.173)
_cons	-2.884**(1.311)	-1.152**(0.552)	-1.442(2.754)	-4.428**(1.076)
N	424	424	205	205
伪 R^2	0.453	0.438	0.527	0.478
LLF	0.453	0.438	0.527	0.462
χ^2	-160.722	-165.182	-62.832	-71.502

注：*代表5%显著性水平，**代表1%显著性水平。

第一，草原生态补奖政策对草畜平衡行为影响的 Probit 分析。

分析结果表明模型通过了显著性检验。伪 R^2 值为0.453，说明拟合预设模型较好。H_4、H_9、G_5、G_6 变量对牧户草畜平衡行为呈显著性负向影响：畜牧业人口对草畜平衡行为有显著负向影响，即家庭中畜牧业从业人口越多，草畜平衡行为出现的可能性越小；畜牧业收入占比对草畜平衡行为有显著负向影响，即家庭总收入中畜牧业收入占比越多，牧户实施草畜平衡行为可能性越小；牧草种植面积对草畜平衡行为有显著负向影响，即牧户家庭种植牧草面积越大，实施草畜平衡行为的可能性越大，可能原因是随着牧草种植面积扩大，牧户“心理载畜量”有所增加，反而易出现过牧行为；存栏规模对草畜平衡行为有显著负向影响，即随着存栏规模增大，牧户实施草畜平衡行为概率变小。

H_5、G_4、G_8、Z_5、H_2、H_8、R_3 与 R_4 变量对草畜平衡行为呈显著正向影响：牧户家庭打工人口数对草畜平衡行为有显著正向影响，牧户家庭打工人口越多，牧户实施草畜平衡行为可能性越大；禁牧草场面积占比对草畜平衡行为有显著正向影响，禁牧草场面积占比越大，牧户实施草畜平衡行为可能性越大；补奖补贴对草畜平衡行为有显著正向影响，即牧户家庭获得补奖补贴金额越高，越有可能遵循草畜平衡规定；民族、是否舍饲、是否参加培训对草畜平衡行为有显著正向影响，这说明藏族牧户与接受过培训、采取舍饲和半舍饲生产方式的牧户实施草畜平衡行为的概率更大；政策生态效果评价、政策生计效果评价对草畜平衡行为有显著正向影响，这说明牧户对政策效果评价越高，遵循草畜平衡的可能性越大。

第二，草原生态补奖政策对退牧行为影响的 Probit 分析。

本节运用 Stata 14.0 软件，利用 Probit 模型，分析草原生态补奖政策对牧户退牧行为的影响。模型通过了显著性检验，伪 R^2 值为 0.527，说明拟合预设模型较好。实证结果显示，户主年龄、户主性别、受教育程度、从业年限、民族、是否有虫草收入、家庭总人口数、畜牧业人口数、打工人口数、是否有生计替代、是否加入合作社、是否参加培训、联户承包、草场承包面积、禁牧草场面积占比、牧草种植面积、补奖补贴对牧户退牧行为无显著影响。

另外，Z_6、H_9、G_7 变量对牧户退牧行为呈显著负向影响：牧户所在区域在 Y_2 中系数估计值为负，且在 5%统计水平上显著，说明环湖地区牧户退牧概率更大，三江源地区牧户留牧概率更大，这与现实情形相符，环湖区第三产业就业多，交通更便利。畜牧业收入系数估计值为负且在 5%统计水平显著，表明随着家庭畜牧业收入占比提高，牧户退牧概率降低。核定载畜量系数估计值为负且在 5%统计水平显著，表明随着核定载畜量提升，牧户退牧概率减小。由于核定载畜量根据草原生态状况而动态制定，因此核定载畜量的增加意味着草原生态环境好转，草原生态环境的好转可促进牧户存栏规模增加，进而带动畜牧业收入增加，因此核定载畜量的提升会对退牧行为有负向影响。

H_1、G_2、R_1、R_3、R_4 变量对牧户草畜平衡行为呈显著正向影响：家庭成员最高学历对退牧行为有显著正向影响，即随着家庭成员最高学历的提升，牧户退牧概率增大。可能因为学历最高的家庭成员对家庭事务决策具有显著影响力，在其建议下劳动力迁移的概率增大。草场是否集体承包估计系数为负且在5%统计水平显著，表明拥有集体承包草场的牧户更容易退牧，可能原因有二，一是集体承包草场通常由村委会管理，由专人负责饲养并统一销售牲畜，共有村民无须参与牧业生产即可获取收益；二是由于牧区部分草原存在界限未划定、使用权不明晰的情况，“公地悲剧”重现，牧户易对生产收益有争议，这可能造成牧户退牧。因此，集体承包草场牧户退牧倾向更加符合现实。牧户的政策内容认知、政策生态效果评价、政策生计效果评价对退牧行为有显著正向影响，即牧户对草原生态补奖政策了解程度越高，对政策奖惩与补贴发放认知越清晰，对政策效果评价越高，牧户退牧概率越大。这说明草原生态补奖政策对牧户有生计保障激励作用。

第三，逐步 Probit 回归分析。

以上分析说明，影响牧户草畜平衡行为和退牧行为的因素较多。由于变量间存在共线性问题，如补奖补贴与禁牧草场面积占比、草场承包面积相关，还比如是否舍饲、存栏规模不应纳入退牧行为模型，有必要对模型进行多重共线性检验。Probit 模型不是线性回归方程，不能采用 VIF 值进行共线性诊断，故采用 Collin 检验。Collin 检验结果显示：模型 Y_1、模型 Y_2 存在严重多重共线性。为了解决多重共线性问题，本节采取逐步回归法（stepwise regression）处理模型。逐步回归法目的是处理模型共线性问题，其步骤为：逐步引入经 F 检验显著的自变量，并且每引入一个自变量后，对模型原有变量进行 F 检验；若模型新引入变量后原有变量检验不显著，则剔除新引入变量。将此过程重复进行，直到所有引入的自变量显著为止。

草原生态补奖政策对草畜平衡行为影响的逐步回归结果（表 5-3）表

明：牧户从业年限、畜牧业人口数、畜牧业收入占比、牧草种植面积、存栏规模对草畜平衡行为呈显著负向影响，即随着牧户从业年限增加、家庭从事畜牧业人口增多、家庭畜牧业收入占比增加、牧草种植面积增加、存栏羊单位增加，牧户实施草畜平衡行为的概率会减少。民族、是否有虫草收入、是否舍饲、打工人口数、是否参加培训、禁牧草场面积占比、补奖补贴、政策认知评价对草畜平衡行为呈显著正向影响，这说明非藏族、有虫草收入、舍饲生产、接受培训的牧户退牧概率较大，且随着家庭打工人口数量的增多、禁牧草场面积占比的提高、补奖补贴的提高、牧户对政策认知评价的提升，牧户遵循草畜平衡规定的概率增大。

草原生态补奖政策对退牧行为影响的逐步回归结果(表5-3)显示：牧户所在区位、家庭总人口数、畜牧业收入占比、核定载畜量对退牧行为有显著负向影响，即随着家庭总人口数、畜牧业收入占比、核定载畜量的增加，牧户退牧概率减小，三江源区牧户退牧倾向更高。家庭成员最高学历、集体承包、补奖补贴、政策内容认知、政策生计效果评价对退牧行为有显著正向影响，即随着家庭成员学历的提升、补奖补贴金额的增加、牧户政策内容认知与政策生计效果评价提高，牧户退牧概率增大，并且拥有集体承包草场的牧户退牧概率更大。

综上所述，Probit 回归与 Probit 逐步回归结果不一致，逐步回归所得显著自变量的数量要多于普通回归，原因是原模型存在较严重的共线性。但 Probit 回归与 Probit 逐步回归的分析很有必要。结果显示 Probit 回归与 Probit 逐步回归估计系数方向一致，这验证了变量选取的合理性，说明模型设定无误。另外，通过逐步回归分析可筛选出显著变量，纳入后续 Heckman 模型中，从而得到无偏估计量。

二、模型 Heck-probit 回归估计

本节通过 Probit 逐步回归，选取无共线性关系的变量纳入方程。需说明，由于 H_2 是否舍饲与 G_6 存栏规模变量有严重共线性，因此不放入Heck-probit 模型中解释，只放入 Probit 逐步回归模型中解释。表 5-4 中，逆米

尔斯比不等于零，这说明样本存在选择偏误，模型 Y_3 与 Y_4 之间相互影响，并非完全独立，采用 Heckman 两阶段法建模是合理的。

表 5-4 Heck-probit 回归结果

变量	Heck-probit 回归方程（Y_3）	Heck-probit 选择方程（Y_4）
Z_3	-1.247*(0.751)	—
Z_4	—	-0.011**(0.005)
Z_5	—	1.471**(0.485)
Z_6	-0.808**(0.269)	—
Z_7	—	0.086(0.167)
H_1	0.479**(0.118)	—
H_3	-0.089(0.060)	—
H_4	—	-0.292**(0.061)
H_5	—	0.422**(0.122)
H_8	—	0.727**(0.171)
H_9	-1.417**(0.445)	-1.697**(0.203)
G_2	0.975**(0.330)	—
G_4	—	1.253**(0.478)
G_5	—	-0.036**(0.012)
G_7	-0.005**(0.002)	—
G_8	0.275*(0.161)	0.107(0.074)
R_1	0.622**(0.193)	—
R_2	0.125(0.115)	—
R_3	—	0.275**(0.074)
R_4	0.382**(0.168)	0.305**(0.083)
_cons	-2.562**(1.292)	-1.117**(0.505)
athrho	-0.786*(0.437)	
N	424	
LLF	-248.787	
χ^2	38.525	

注：*代表5%显著性水平，**代表1%显著性水平。

1. 草畜平衡行为影响因素分析

模型 Y_3 显示，家庭总人口数系数估计值为负且不显著，说明家庭总人口数与草畜平衡行为无关。政策执行认知系数估计值为正且不显著，表明牧户对相关政府人员的信任程度、对政策执行公平性和透明性的感知与草畜平衡行为无关。牧户所在区位系数估计值为负且在5%统计水平显著，说明三江源区牧户实施草畜平衡行为的概率更大，环湖区牧户实施草畜平衡行为的概率较小，这与三江源地区草原生态保护力度较大的现实情形相吻合。畜牧业收入占比系数估计值为负且在5%统计水平显著，说明随着畜牧业收入的增加，牧户实施草畜平衡行为的概率会下降。可能原因是当畜牧业成为家庭主要收入来源后，牧户会通过扩大牲畜饲养规模来增加收入，而扩大饲养规模又违背了草畜平衡规定。核定载畜量系数估计值为负且在5%统计水平显著，这表明随着核定载畜量提升，牧户反而会出现违规放牧行为。原因是核定载畜量是由政府制订且具有时效性差、动态调整周期长的特点，因而当核定载畜量提高时，牧户有可能已根据草地生态好转状况先于政府调整了牲畜饲养规模，所以会出现核定载畜量增加，草畜平衡生产行为概率降低的情形。

模型 Y_3 估计结果还表明：家庭成员最高学历系数估计值为正，且在5%统计水平显著，说明家庭成员最高学历对草畜平衡行为有显著正向影响，随着家庭成员学历提升，牧户实施草畜平衡行为的概率增大。有文献表明，牧户受教育程度对生态保护行为呈正向影响，本章结论与之一致。集体承包系数估计值为正，且在5%统计水平显著，说明草场类型属于集体承包的牧户采取草畜平衡的概率更大。可能的原因是当草场使用权属于集体时，过牧、偷牧等草场破坏行为会使个体受益却损害集体利益，超载过牧行为会受到共同使用人的一致反对。集体草场的共同使用人多同属于同一村庄，彼此之间是亲戚、朋友、熟人、邻居关系，为保持正常的社会交往，牧户更倾向于采取草畜平衡行为。补奖补贴金额系数估计值为正，且在10%统计水平显著，说明随着补奖补贴增加，草畜平衡行为概率增大。牧户政策认知评价与政策生计效果评价系数估计值为正，且在10%统计水平显著，说明牧户对政策内容、奖惩、补贴发放认知越清晰，对政策生计效果评价越高，越不会出现违规放牧行为。

2. 退牧行为影响因素分析

模型 Y_4 显示，从业年限、畜牧业人口数、畜牧业收入占比、牧草种植面积系数估计值为负，且在5%统计水平显著，这意味着随着牧户从业年限增加，家庭内畜牧业从业人口越多，畜牧业收入占比越高，牧草种植面积越大，牧户退牧概率越小。户主民族系数估计值为正且在5%统计水平显著，说明非藏族户主退牧概率更大。可能原因是藏族牧户接受教育、生活交流都使用藏语，语言障碍使得劳动力迁移阻力变大。打工人口数系数估计值为正，且在5%统计水平显著，这说明家庭打工人口越多，牧户退牧可能性越大。是否参加培训系数估计值为正且在5%统计水平显著，表明接受培训的牧户退牧可能性更大。禁牧草场面积占比系数估计值为正且在5%统计水平显著，表明禁牧草场面积占比越高，牧户退牧可能性越大，这与预期结果一致。实证结果还显示，政策效果评价越高，牧户退牧概率越大，这从侧面反映了草原生态补奖政策对牧户生计保障与生态恢复起到的作用。是否有虫草收入系数估计值为正，但不具有统计显著性，此结论符合当地现实。青海省虫草产量占全国总产量的60%，且主产区位于海拔4000米以上高寒地带。相比较畜牧业劳动强度大、利润低、风险高、价值转化时间长的特点，虫草收入具有收入高、收入不稳定、持续时间短①的特点。在高虫草收入驱动下，牧户从事畜牧业生产动力相对降低，因此是否有虫草收入对退牧行为有正向影响但不显著。

模型 Y_4 结果表明，补奖补贴系数估计值为正，即补奖补贴金额与牧户退牧正向相关，但不具有显著性，这与预期结论不符。原因是以上实证将草畜平衡行为划分为两个独立样本："草畜平衡—退牧"牧户与"草畜平衡—继续生产"牧户。现有研究未对农(牧)户进行二次筛选，直接将其划

① 青海省三江源地区的虫草采集时间为5月初至6月初，环湖区的虫草采集时间为4月末至6月初。2018年，青海地区虫草的价格大约在35元/根至50元/根之间。

分为“退出(exit)”农(牧)户、“继续生产(stay)”农(牧)户，因而，样本选择方式不同有可能造成估计结论不同。Heckman 模型分析结果表明，补奖补贴对草畜平衡行为有正向影响，这说明补奖补贴在促进草畜平衡行为方面发挥着重要作用，对牧户退牧行为虽有促进但作用不显著。

第五节　本章小结

在牧区就业机会与牧户资源禀赋限制下，牧户退牧决策并不是一蹴即至的，而是经过草畜平衡决策后的再决策才形成的。本章采用分步 Probit 模型和 Heckprobit 模型分别测度草原生态补奖政策对牧户退牧决策的影响。结论显示：补奖补贴对草畜平衡行为产生正向影响，对退牧行为虽有促进作用但不显著；禁牧草场面积占比对退牧行为产生正向影响。草场类型是集体承包的牧户，采取草畜平衡生产的概率更大；三江源区牧户实施草畜平衡概率高于环湖区牧户；随着家庭成员最高学历的提升，牧户实施草畜平衡行为的概率上升；随着畜牧业收入增加，核定载畜量提升，牧户反而可能会出现违规放牧行为。随着户主从业年限增加，家庭畜牧业人口越多，畜牧业收入占比越高，牧草种植面积越大，牧户退牧概率越小。此外，非藏族牧户、接受过培训的牧户及家庭外出打工成员越多，禁牧草原面积占比越高，牧户退牧可能性越大。其他实证结果表明，牧户家庭收入来源与家庭成员从业倾向是影响草畜平衡行为与退牧行为的重要因素：家庭收入中牧业收入占比越高，畜牧业人口越多，牧户越有可能违规放牧。同时，牧户对草原生态补奖政策的认知与评价影响其草畜平衡行为与退牧行为。牧户对政策内容、奖惩、补贴发放认知越清晰，对政策生计效果评价越高，其违规放牧可能性越小，退牧概率越大。牧户对政策生态效果评价越高，其退牧可能性越大。

综上所述，实施草原生态补奖政策，通过发放补奖补贴促进牧户开展草畜平衡生产，通过禁牧手段促进牧户退牧，在牧户生计保障与草场生态恢复当中发挥了显著作用。因此，在牧区“人—草—畜”关系极度不平衡的状态下，当地政府应加大产业升级力度，积极拓展牧户生计来源，促进牧户分化，培养职业牧民，这对草原生态保护与牧户生计风险防范起到积极作用。

第六章

草原生态补奖政策对放牧替代决策的影响

第一节　问题的提出

草原生态补奖政策影响下，牧户原有生产决策向草畜平衡和退牧决策转变。与此同时，牧户在改变原有畜牧生产决策的基础上会有新的生产决策形成，表现为通过采用生计来源的多元化决策替代原有放牧决策，即放牧替代决策。本章将分析草原生态补奖政策对牧户放牧替代决策的影响，验证草原生态补奖政策是否会促进牧户放牧替代行为的转变。根据我国草原生态补奖政策在青海省牧区的实施重点，选择舍饲替代、种草替代和非农生计替代作为放牧替代决策的三个类型，同时依据草原生态补奖政策的目标量化分析放牧替代决策对牧户饲养规模和收入产生的影响。在研究方法上，本章将放牧替代决策视为政策影响下的处理变量，其产生的政策效果为结果变量，使用 PSM 方法量化分析牧户放牧替代决策的影响因素和政策效果。

为改善我国草原大面积退化的现状，2011 年，我国出台草原生态补奖政策，通过发放生态补偿补贴，采取禁牧、限牧等手段，恢复退化草原。草原生态补奖政策的目标可概括为“两促一保”，即促进畜牧业发展、促进牧民增收、保护草原生态。由于草原生态补奖政策的实施，我国草原退化状况得以遏制。《中国环境状况公报》显示，2017 年我国草原载畜能力比 2010 年增加 355.08 万羊单位，综合植被盖度比 2012 年提升 4.3%，草原灾害面积显著下降，生物多样性、植被高度等草原生态指标显著提升。可以看到，通过设置禁牧和草畜平衡区，补偿牧户禁牧、限牧损失，草原生态补奖政策实施已达到草原生态保护目标。

由于禁牧区和草畜平衡区的划定，牧户放牧用草场面积变小，允许放牧牲畜数量减少。面对草原生态补奖政策的放牧限定，不少牧户改变了原有以放牧为主的生计策略。另外，政府有意引导牧区转变经济发展模式，通过树立绿色发展观，促进畜牧业劳动力转移，改变牧业生产方式，达到草原生态保护与经济发展共赢的局面。因而，在草原生态补奖政策规制下，牧区牧户除了依靠放牧作为家庭收入来源，还可选择其他替代生计策略。调研中发现，牧户多采取放牧替代行为来应对家庭收入的减少：一是改变生产方式，用舍饲替代传统放牧生产方式，通过扩大牲畜养殖规模来保证家庭牧业收入；二是通过种植牧草或参与“黑土滩”改造项目补播牧草获取收入；三是转移至第二、第三产业就业，通过民族手工业、自营小工商、外出务工等形式获取收入。可以看到，虽然牧区社会产业结构单一，非农生计机会有限，牧业发展受到资源禀赋与生态补偿政策的限制，但通过放牧替代行为，牧户在草原生态保护与家庭增收间找到了平衡。

放牧替代行为是牧户在制度规制与资源限制下的理性选择，是牧户对草原生态补奖政策的适应策略。那么，草原生态补奖政策是否对牧户饲养替代行为产生激励？政策效应的方向与程度如何？

草原生态补奖政策效应是生态补偿政策的重要课题之一，研究方法从早期的对比分析到回归分析，过渡为 SEM 模型与 PSM 模型运用。由于草原生态补奖政策实施时间不长，因此针对草原生态补奖政策效应的研究才刚起步。现有文献主要集中于草原生态补奖政策对牧户收入、非农生计和饲养规模的影响上。张会萍（2018）利用 PSM 模型研究了草原生态补奖政策对牧户收入的影响。研究结果表明，政策与牧户增收间未实现激励相容，人工饲草项目使得牧户总收入减少，舍饲棚圈项目对牧户增收无明显促进，政策对外出务工收入影响不显著。刘宇晨（2018）利用 PSM 模型研究了该政策对牧户收入结构的影响。研究结果表明，政策对不超载牧户的总收入和非畜牧业收入有显著提升作用，对畜牧业收入提升作用并不显著。胡振通（2016）研究发现，牧户政策满意度与收入有正向关系，但牧户满意度高并不意味着政策执行效果好。王丹（2018）研究了该政策对牧户非农就业与收入的影响，结果表明政策对非农就业与收入呈现倒“U”型关系，对非农就业与收入有促进作用，但没有显著改变牧户以畜牧生产为主的生计方式。

综上所述，可以发现以下事实：第一，以青海省为研究区域的研究文献数量较少。青海省牧区是典型草原区，也是草原生态政策重点实施区，增加青海牧区研究案例可拓宽对草原生态补奖政策适用性与广泛性的讨论。第二，有文献通过比较政策前后效果数据来探讨草原生态补奖政策效应，这忽视了样本选择性偏差及可能的内生性问题，会造成政策效应结果缺乏信度。由于牧户行为受到经济、社会、自然因素的综合影响，需剥离其他因素。鉴于此，本章应用 PSM 模型，探求草原生态补奖政策对牧户饲养替代行为产生的影响效应。

第二节　理论分析

一、概念界定

斯卢茨基方程中，替代效应是指在一定收入水平下，一种商品名义价格水平发生变化，导致商品组合中这种商品与其他商品相互替代（Chipman，2002），替代效应的前提是商品间存在替代关系。本章借鉴替代效应定义，将能够替代放牧且能够带来收入的生计行为定义为放牧替代行为。根据替代的程度，可以分为完全替代和不完全替代。完全替代是指牧户完全放弃放牧，用其他生计替代放牧以获取收入；不完全替代是指牧户仍保有放牧生计，但用其他生计替代部分放牧以获取收入。由于牧户生计策略组合的复杂性，本章将其他生计完全替代与不完全替代放牧的行为都划定为放牧替代行为，即牧户在草原生态补奖政策实施前只有放牧行为，但政策实施后，牧户家庭出现的除放牧以外的生计行为，都属于放牧替代行为。

结合调研实际，本章界定放牧替代行为包含三方面含义：一是改换牲畜饲养方式，通过舍饲、半舍饲方式[1]代替放牧，在此称为舍饲替代；二是通过种植牧草或牧草补播项目替代放牧，在此称为种草替代；三是家庭部分劳动力用非农生计替代放牧，在此称为非农生计替代。本章将分别研究上述三种情况下的政策效应。

二、草原生态补奖政策效应的传导机制

草原生态补奖政策实施过程被认为是一种自上而下(top-down)的政策实施过程(张倩，2016)。原因在于该政策由中央政府制定政策目标，划拨各省生态补偿资金，然后由各级政府逐级制订资金分配具体方案。在这一过程中，牧民没有参与政策制定，只是被动地接受和执行政策。根据“理性人”假设，牧户会根据政策效应，调整家庭及个体行为，以符合政策要求，这一过程始终围绕“效用最大化”准则。

(1)牧户对政策效应最初感受来自牲畜饲养规模变动。为了保护草原生态，在政策实施之初，政府要求牧户“减畜”。减畜措施包含两个含义：第一，降低牧户家庭牲畜存栏数；第二，禁牧草场不得放牧，平衡草场限制放养。作为生态补偿的利益相关者，牧户通过减畜获取补贴，而政府通过减畜为生态服务付费。当牧户进行减畜时，牧户收入相应就会减少。因此，伴随着饲养规模的变化，收入是牧户对政策效应的直观反应。

草原生态补奖政策对牧户收入与饲养规模产生直接效应的过程为：政策要求牧户减畜——牧户放牧规模减小——牧户收入下降——政府发放补贴(图6-1)。此时，牧户收入为减畜后牧业收入与补奖补贴之和。

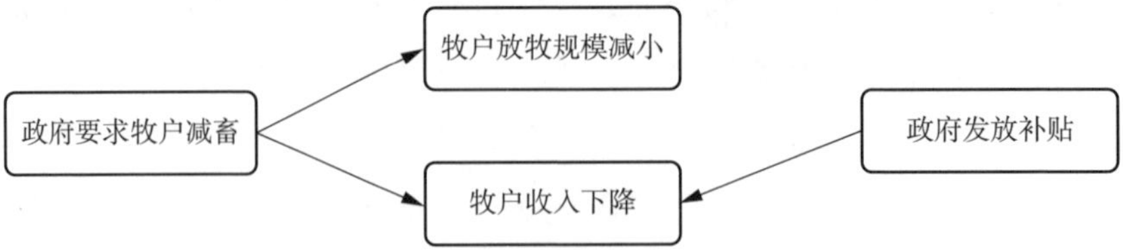

图6-1　政策对饲养规模与牧户收入的直接作用

[1] 舍饲行为包括舍饲、半舍饲生产操作，为简化名称，故本节统称为舍饲替代。

（2）虽然政府会发放补奖补贴弥补牧户损失，但现有文献表明，牧民“减畜”损失高于得到的补贴（张倩，2006），补贴没能向更需要补偿的中小牧户倾斜（李金亚，2014），且不能完全弥补牧户损失。此时，牧户会寻求放牧以外的其他替代生计，以增加家庭收入。放牧替代生计又会进一步影响牧户饲养规模和收入。比如：第一，牧户可通过改变饲养方式，提高饲养规模，增加家庭收入；第二，牧户可采取种植牧草方式，扩大饲养规模，增加家庭收入；第三，牧户可采取非农生计策略，通过非农务工，增加家庭收入。

政策对牧户收入与饲养规模产生间接效应过程为：政策要求牧户禁牧和限牧——放牧规模减小——牧户收入下降——牧户寻找放牧替代策略（图 6-2）。此时，牧户收入为“减畜”后牧业收入、补奖补贴与放牧替代策略收入之和。

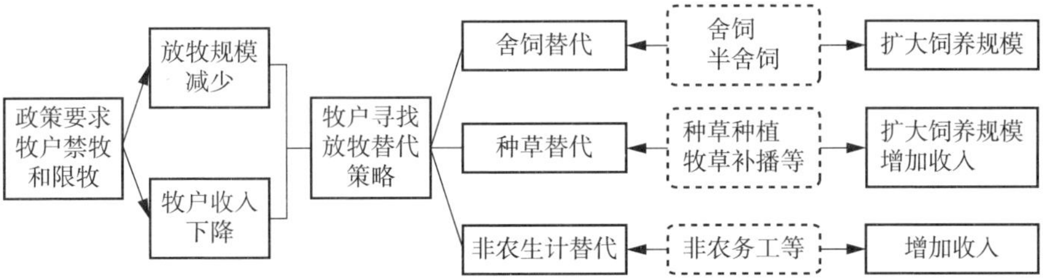

图 6-2　政策对饲养规模与牧户收入的间接作用

综上所述，草原生态补奖政策效应体现为对饲养规模和牧户收入的影响。但政策效应形成复杂，草原生态补奖政策对牧户收入与饲养规模既产生直接效应，又通过放牧替代行为产生间接效应。

三、牧户放牧替代行为选择机理

设牧户草场承包面积为 G，可放牧牲畜规模为 Q。当草原生态补奖政策实施后，牧户草场被划分为禁牧草场 G_1 和草畜平衡草场 G_2。由于禁牧草场禁止放牧，草畜平衡草场严格按照草地核定载畜量放牧，此时牧户放牧可用草场面积为 G_2。设 G_2 草场内牲畜饲养规模为 Q_1，有：

$$Q_1<Q \tag{6.1}$$

假设牲畜市场价格 P 在政策前后保持不变，则在草原生态补奖政策实施前，牧户放牧收益为 PQ；草原生态补奖政策实施后，牧户放牧收益为 PQ_1。根据式(6.1)，可知政策实施前后，放牧收益不同：

$$PQ_1<PQ \tag{6.2}$$

政府为了弥补牧户损失，发放补奖补贴 S，此时政策实施后牧户总收益为：

$$S+PQ_1 \tag{6.3}$$

此时，S 与 $PQ-PQ_1$ 的关系决定着牧户对政策满意与否。

假设牧户是“理性经济人”，按照“效用最大化准则”，牧户决策的预期结果是获取最大效用。当草原生态补奖政策实施后，由于牲畜放牧数量减少，劳动力数量或劳动强度都会相应减少，牧户闲暇时间增多。

设牧户放牧替代行为的效用(放牧替代效用)为 U_t，牧户放牧生产效用(放牧效用)为 U_f。

当 $U_t>U_f$，则牧户会选择放牧替代行为；$U_t<U_f$，则牧户会选择放牧。

放牧替代效用 U_t 和放牧效用 U_f 都会受到牧户户主特征、家庭特征与草场特征的影响。基于以上分析，本节构建草原生态补奖政策对牧户放牧替代行为影响分析框架(图 6-3)。

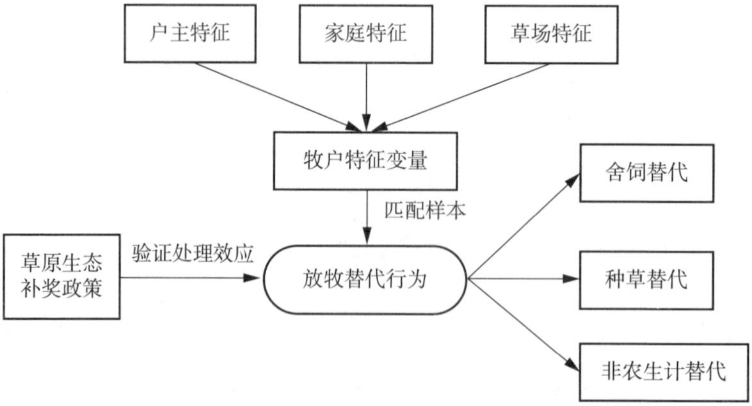

图 6-3　政策对牧户放牧替代决策影响的分析框架

第三节　模型构建、变量选取与分析

一、模型构建

设有放牧替代行为的牧户构成处理组(treatment group)，没有放牧替代行为的牧户构成对照组(comparison group)。以虚拟变量 $D_i=\{0,1\}$ 表示牧户是否有放牧替代行为。D_i 等于 1，表示有放牧替代行为，D_i 等于 0，表示无放牧替代行为，即：

$$y_i=\begin{cases}y_{1i} & 若D_i=1\\ y_{0i} & 若D_i=0\end{cases} \tag{6.4}$$

式中，y_{1i}表示处理组，y_{0i}表示对照组，则草原生态补奖政策对放牧替代行为的处理效应(treatment effect)为$(y_{1i}-y_{0i})$。如果牧户有放牧替代行为，则可观测到 y_{1i}，但无法观测到 y_{0i}；反之，如果牧户无放牧替代行为，则可观测到 y_{0i}，但无法观测到 y_{1i}。这说明牧户无法同时处于 y_{0i}、y_{1i}状况，这实际上是一种数据缺失(missing data)。同时，牧户放牧替代行为受户主个体特征、家庭特征及生产特征变量综合影响，是牧户自选择(self-selection)结果，并且处理组与对照组间存在初始特征不完全相同的情形，故存在选择性偏差(selection bias)。倾向性得分匹配(propensity score matching, PSM)可以克服选择性偏差和解决“自选择”带来的估计偏误(Wooldridge, 2003)，因此，本章选择 PSM 法，通过构建反事实框架(counter factual framework)(Rubin, 1974)，推断草原生态补奖政策对放牧替代行为所产生的真实作用。PSM 基本思路是：针对处理组的牧户 i，找到控制组的牧户 j，使得 i 与 j 的特征变量尽可能匹配。由于特征变量有多个，需要将牧户多个特征变量降维成一个指标，这通过计算倾向得分值(propensity score)来实现。

倾向性得分匹得分计算步骤如下：

第一步，设定放牧替代行为影响因素模型，通过选择协变量，尽可能将可能影响(y_{0i}，y_{1i})与D_i的相关变量包括进来，以保证可忽略假设得到满足，公式为：

$$y_i = \Phi(\beta_1 X_1 + \beta_2 X_2 + \cdots + \beta_k X_k) \tag{6.5}$$

第二步，使用二值选择模型估计倾向得分，将式(6.5)带入式(6.6)中，得牧户 i 进入处理组的条件概率：

$$p(y_{1i}) = p(D_i = 1 \mid X = X_k) \tag{6.6}$$

第三步，进行倾向得分匹配，针对每个 x 分量考察如下标准化差距(standardized difference)，公式为：

$$\frac{\mid \bar{x}_{处理组} - \bar{x}_{控制组} \mid}{\sqrt{(s^2_{x,处理组} + s^2_{x,控制组})/2}} \tag{6.7}$$

式中，$s^2_{x,处理组}$和$s^2_{x,控制组}$分别是处理组和控制组的样本方差，一般要求此标准差距不超过10%，若超出则重新估计或改变倾向匹配方法。

第四步，根据匹配后样本计算平均处理效应(Caliendo and Kopeinig, 2008)，计算平均处理效应，公式为：

$$ATT = E(y_{1i} \mid D_i = 1) - E(y_{0i} \mid D_i = 0) = \frac{1}{N_1} \sum_{i,\ 处理组} (y_{1i} - \hat{y}_{0i}) \tag{6.8}$$

在进行PSM分析时，有不同的匹配方法。现有实证采用方法主要为：最近邻匹配法(nearest neighbour matching)、半径匹配法(radius matching)和核匹配法(kernel matching)。最近邻匹配法是根据估计的处理组倾向得分，寻找与处理组倾向得分最为接近的控制组牧户，作为处理组牧户匹配对象。半径匹配法是通过预先设置常数 ε ，将控制组PS分值与处理组PS分值之差小于 ε 的样本作为匹配对象。核匹配法是根据样本个体距离不同给予不同权重，使用核函数计算权重，最后将控制组PS分值与处理组PS分值进行匹配。本节将采取最近邻匹配法计算处理组与对照组牧户间的平均处理效应，最后，采取半径匹配法和核匹配法对草原生态补奖政策产生的净效应做稳健性检验。

二、协变量选取

按照倾向性匹配得分变量选取规则，选择影响牧户放牧替代行为的特征变量作为协变量。这些协变量可分为三类：第一类是牧户户主特征变量，包括户主年龄、从业年限、是否参加培训；第二类是家庭特征变量，包括牧户家庭所在区位、是否有虫草收入、家庭成员最高学历、畜牧业收入占比；第三类是草场特征变量，包括草原承包面积、草原禁牧面积占比、存栏规模。由于要研究草原生态补奖政策效用，因此要将草原生态补奖政策特征变量纳入，包括政策内容认知、核定载畜量、补奖补贴。具体变量含义、赋值情况及描述性统计如表 6-1 所示。

表 6-1　变量含义、赋值情况

变量	具体指标	含义及赋值情况	均值	标准差
户主特征	户主年龄	年龄	50. 177	13. 526
	从业年限	户主从事畜牧业年限	32. 432	14. 938
	是否参加培训	1＝是；0＝否	0. 328	0. 47
家庭特征	牧户家庭所在区位	1＝环湖区；0＝三江源地区	0. 337	0. 473
	是否有虫草收入	1＝是；0＝否	0. 453	0. 498
	家庭成员最高学历	1＝小学及以下；2＝初中；3＝高中、中专；4＝大专、本科及以上	2. 144	1. 855
	畜牧业收入占比	2016 年家庭总收入中畜牧业收入所占比重	0. 565	0. 419
草场特征	草场承包面积	单位：亩	1972. 004	2282. 25
	草场禁牧面积占比	禁牧面积与草原承包面积的比例	0. 615	0. 191
	存栏规模	2016 年存栏羊单位	92. 45	92. 576
政策特征	政策内容认知	政策内容认知潜变量因子得分	2. 935	0. 87
	核定载畜量	政府制定的草地放牧载荷值	68. 538	82. 815
	补奖补贴	2016 年政策补奖政策获得金额(万元)	1. 18	1. 131
处理变量	饲养规模变化	2016 年与 2010 年牲畜存栏羊单位之差	−98. 58	178. 81
	家庭收入	2016 年牧户家庭收入	52892. 2	105329. 6

三、放牧替代行为变量选取与分析

放牧替代行为是牧户在草原生态补奖政策实施后，用其他生计替代放牧的行为。根据实地调研，可将牧户放牧替代行为分成三类(表 6-2)：第一类是舍饲替代，是指草原生态补奖政策实施后，牧户用半舍饲、舍饲饲养方式替代放牧的生产行为；第二类是种草替代，是指牧户在草原生态补奖政策实施后，用种植牧草或参与“黑土滩”牧草补播项目替代放牧的生产行为；第三类是非农生计替代，是指政策实施后，牧户用非农生计替代放牧。从放牧替代行为的统计结果来看，56%的样本牧户有放牧替代行为，42%的样本牧户有种草替代，74%的样本牧户有非农生计替代。三江源地区牧户放牧替代、种草替代与非农生计替代远高于环湖区牧户（表6-3），这也与第五章结论相一致。可能原因是，三江源地区生态保护工程与草原保护政策促进了该地区牧户生计的转移，使得该地区牧户放牧替代行为多于青海省其他地区。

表 6-2　放牧替代行为变量含义、赋值情况

因变量	含义及赋值情况	均值	标准差
舍饲替代	1=是；0=否	0. 56	0. 497
种草替代	1=是；0=否	0. 42	0. 494
非农生计替代	1=是；0=否	0. 74	0. 438

表 6-3　放牧替代行为区域分布特征

放牧替代行为	三江源		环湖区	
	否	是	否	是
舍饲替代	128(68. 8%)	153(64. 3%)	58(31. 2%)	85(35. 7%)
种草替代	157(63. 6%)	124(70. 1%)	90(36. 4%)	53(29. 9%)
非农生计替代	69(63. 3%)	212(67. 3%)	40(36. 7%)	103(32. 7%)

四、处理效应变量选取与分析

实施草原生态补奖政策要达到促进牧业生产方式转变与保障牧户增收的目标，因而可从牲畜饲养规模变化和收入角度衡量政策效果。本部分选用饲养规模变化与牧户家庭总收入表征草原生态补奖政策效果。

1. 饲养规模变化

草原生态补奖政策实施后，牧户按照政策要求进行减畜或改变饲养方式，因此，政策会对牧户饲养规模的变化产生影响。饲养规模变化用政策实施前后牧户饲养羊单位变化表示，即以 2016 年牲畜存栏规模与 2010 年牲畜存栏规模差值来表示。需要说明的是，青海牧区各牧户饲养牲畜品种、种类、大小各不相同，因此，本文将牧户牲畜存栏规模按照中华人民共和国农业行业标准《天然草地合理载畜量的计算》（NY/T 635—2015）统一转化为标准羊单位（表 6-4）。

表 6-4　牲畜羊单位换算标准

牲畜种类	换算标准
1 匹马骡	6 个绵羊单位
1 头牛	5 个绵羊单位
1 只山羊	0.8 个绵羊单位
1 只绵羊	1 个绵羊单位
当年新生仔畜	0.5 个绵羊单位

描述性统计结果显示，牧户饲养规模变化平均值为-98.58，标准差为178.81，说明草原生态补奖政策的实施促进了牧户减畜行为。饲养规模变化与区位的交叉分析结果表明（表 6-5）：三江源地区样本牧户牲畜饲养规模变化幅度大于环湖区，即草原生态补奖政策实施后，牧户间饲养规模差距增大，牧户减畜与生产规模扩大的情况增多，即牧户分化正在加速。

表 6-5　饲养规模变化与区位的交叉分析结果

饲养规模变化（标准羊单位）	三江源	环湖区
≤-400	23	5
-400，-200	29	26
-200，0	130	80
0，100	88	32
100，200	9	0
>200	2	0

2. 牧户家庭总收入

结合政策目标及相关研究成果，用 2016 家庭总收入衡量草原生态补奖政策增收效果，本章用牧户畜牧业收入、补奖补贴收入、非农收入、种草收入、虫草收入之和表示牧户家庭总收入。数据显示，2016 年样本牧户家庭平均总收入为 52892.23 元，环湖区样本牧户家庭年均总收入为 53902.22 元，三江源地区为 52378.258 元。环湖区牧户家庭的总收入高于三江源地区，且三江源地区牧户收入差距较大。主要原因是三江源地区牧户草场面积与饲养规模差异较大，且区域内虫草收入分布不均衡。对比分析三江源地区、环湖区的牧户总收入均值可知(表6-6)：第一，三江源地区有舍饲替代的牧户和无舍饲替代的牧户平均收入相近，环湖区有舍饲替代的牧户收入大于无舍饲替代的牧户收入。第二，三江源地区有种草替代的牧户收入低于无种草替代的牧户收入；环湖区正好相反，有种草替代的牧户收入大于无舍饲替代者。第三，无论是三江源地区还是环湖区，有非农生计替代的牧户家庭收入均值都大于无非农生计替代的牧户家庭收入均值。第四，全样本显示，无舍饲替代、无种草替代、有非农生计替代的牧户家庭收入更高。以上分析说明，牧户从事舍饲替代与种草替代的机会成本高于非农生计替代，作为理性牧户，外出务工的收入比改变牲畜饲养方式和种植牧草的收入更高。需要说明的是，以上结论基于多种因素综合产生，为了测度草原生态补奖政策的"纯效应"，本章需在后续采用PSM模型继续分析牧户收入状况。

表6-6　放牧替代行为牧户总收入均值分组比较

放牧替代行为		三江源	环湖区	全样本
舍饲替代	否	50627.45	48680.09	52995.12
	是	50600.39	46953.27	50672.50
种草替代	否	50600.39	49354.80	52892.23
	是	45173.40	45574.90	45173.40
非农生计替代	否	48775.62	45974.25	48775.62
	是	50600.39	49354.80	52892.23

第四节　实证检验与结果分析

一、倾向得分的Logit模型估计

为了得出放牧替代行为的牧户与非放牧替代行为的牧户匹配的倾向得

分(PS)，本节构建了 Logit 模型。因变量为“舍饲替代”“种草替代”及“非农生计替代”，对于实施放牧替代行为的牧户，Logit 模型因变量取值为 1，否则为 0。协变量为户主特征、家庭特征、草场特征与草原生态补奖政策特征变量。本节使用 Logit 模型不仅是为了获得倾向得分(PS)，还需要识别影响牧户放牧替代行为的影响因素。估计结果利用 Stata 13.0 软件计算所得，见表 6-7。

表 6-7　倾向得分的 Logit 模型估计结果($N=424$)

变量	①舍饲替代		②种草替代		③非农生计替代	
	系数	标准误差	系数	标准误差	系数	发生比
户主年龄	0. 0208	0. 0098	—	—	-0. 0240	0. 0085
从业年限	—	—	—	—	-0. 0328	0. 01201
牧户家庭所在区位	—	—	-0. 4564	0. 3037	0. 7634***	0. 3615
是否有虫草收入	—	—	-1. 2867***	0. 2783	3. 1343***	0. 4736
家庭成员最高学历	—	—	0. 2082***	0. 1071	—	—
是否参加培训	—	—	-1. 0298***	0. 2714	—	—
畜牧业收入占比	0. 8459***	0. 3188	—	—	-4. 4149***	0. 6306
草场承包面积	-0. 0004***	0. 00102	0. 0007***	0. 0001	—	—
草场禁牧面积占比	1. 3536***	0. 6944	2. 3631***	0. 7203	—	—
存栏规模	0. 0225***	0. 0031	0. 0032***	0. 0016	—	—
核定载畜量	0. 0046***	0. 0024	-0. 0244***	0. 0042	0. 0070***	0. 0028
补奖补贴	-0. 9840***	0. 2950	—	—	-0. 4183***	0. 1668
政策内容认知	-0. 3044***	0. 1404	—	—	—	—
_cons	-1. 2628	0. 8123	-1. 3365	0. 5481	3. 0306	0. 8362
LL	-196. 4		-223. 1		-123. 7	
LR	188. 7		130. 1		235. 9	
伪 R^2	0. 32		0. 23		0. 49	

注：①括号内为标准误；②***、**、*分别表示 1%、5%和 10%的显著性水平。

Logit 模型①结果表明，畜牧业收入占比在 1%显著水平上对舍饲替代有正向影响，草场承包面积在 1%显著水平上对舍饲替代有负向影响，草场禁牧面积占比在 1%显著水平上对舍饲替代有正向影响，存栏规模在 1%

显著水平上对舍饲替代有正向影响，核定载畜量在1%显著水平上对舍饲替代有正向影响，补奖补贴在1%显1著水平上对舍饲替代有负向影响，政策内容认知在1%显著水平上对舍饲替代有负向影响。这表明：兼业程度低、草场面积小、草场禁牧面积占比大、存栏规模大、补奖补贴金额低的牧户倾向于选择舍饲替代。

Logit模型②结果表明，是否有虫草收入在1%显著水平上对种草替代有负向影响，家庭成员最高学历在1%显著水平上对种草替代有正向影响，是否接受培训在5%显著水平上对种草替代有负向影响，草场承包面积在1%显著水平上对种草替代有正向影响，草场禁牧面积占比在1%显著水平上对种草替代有正向影响，存栏规模在1%显著水平上对种草替代有正向影响，核定载畜量在1%显著水平上对种草替代有负向影响。这表明：家庭成员学历较高、没有接受培训、存栏规模大、核定载畜量较低的牧户倾向于选择种草替代。

Logit模型③结果表明，牧户所在区位在1%显著水平上对非农生计替代有正向影响，是否有虫草收入在1%显著水平上对非农生计替代有正向影响，畜牧业收入占比在1%显著水平上对非农生计替代有负向影响，核定载畜量在1%显著水平上对非农生计替代有正向影响，补奖补贴在1%显著水平上对非农生计替代有负向影响。这表明：居住在环湖区、有虫草收入、兼业程度高，草场核定载畜量低及补奖补贴金额低的牧户倾向于选择非农生计替代。

二、舍饲替代的倾向得分匹配分析

1. 倾向性得分匹配的平衡性检验

采用倾向性得分需考虑协变量均衡性优劣。通常用Flury与Reudwyl（1986）提出的全新评价均衡性法评价协变量均衡性。本节采用最近邻匹配法（nearest neighbor matching），对有舍饲替代牧户和无舍饲替代牧户的特征变量进行平衡性检验。

结果（表6-8）显示，匹配前，处理组和对照组牧户的草场承包面积、存栏规模、补奖补贴、牧业收入占比和政策内容认知的标准化偏差最 1 大值是 67.5%，最小值是 25.4%，均大于 25%。匹配后处理组和对照组的草场承包面积、草场禁牧面积占比、存栏规模、补奖补贴、畜牧业收入占比与政策内容认知变量的标准化偏差大幅度下降，偏差减少幅度最大达 99.80%(草场承包面积)。但户主年龄与核定载畜量标准偏差变大，偏差上升幅度最高达 242.40%(核定载畜量)。从 t 检验来看，匹配前处理组和对照组的草场承包面积、存栏规模、补奖补贴、牧业收入占比和政策内容认知变量在 1%的显著水平上存在差异，而户主性别、草场禁牧面积占比、核定载畜量变量不存在显著差异。经过匹配后，处理组和对照组所有变量均不存在显著差异，说明处理组和对照组样本在特征变量上不存在系统差异。分析结果说明，样本匹配通过了平衡性检验，倾向性得分匹配消除了样本“自选择”带来的误差偏误，达到了类似随机试验的效果。

表 6-8　舍饲替代的 PSM 平衡性检验

变量		各组均值		标准偏差(%)	偏差减少(%)	t 检验	
		舍饲替代	未舍饲替代			t 值	P 值
户主年龄	匹配前	51.03	49.09	14.30	-4.010	1.46	0.14
	匹配后	51.03	53.04	-14.80		-1.60	0.11
草场承包面积	匹配前	1493.30	2584.50	-47.20	99.80	-5.02***	0.00
	匹配后	1493.30	1491.20	0.10		0.02	0.99
草场禁牧面积占比	匹配前	0.61	0.62	-9.20	32.40	-0.92	0.36
	匹配后	0.61	0.62	-6.20		-0.63	0.53
存栏规模	匹配前	118.29	59.39	67.50	89.90	6.84***	0.00
	匹配后	118.29	112.36	6.80		0.74	0.46
核定载畜量	匹配前	68.83	68.17	0.80	-242.40	0.08	0.94
	匹配后	68.83	71.08	-2.70		-0.32	0.75
补奖补贴	匹配前	0.93	1.50	-50.80	86.60	-5.35***	0.00
	匹配后	0.93	1.00	-6.80		-1.14	0.25
畜牧业收入占比	匹配前	0.64	0.47	38.90	92.10	3.98***	0.00
	匹配后	0.64	0.62	3.10		0.34	0.73
政策内容认知	匹配前	2.84	3.06	-25.401	67.70	-2.58***	0.01
	匹配后	2.84	2.77	8.20		0.86	0.39

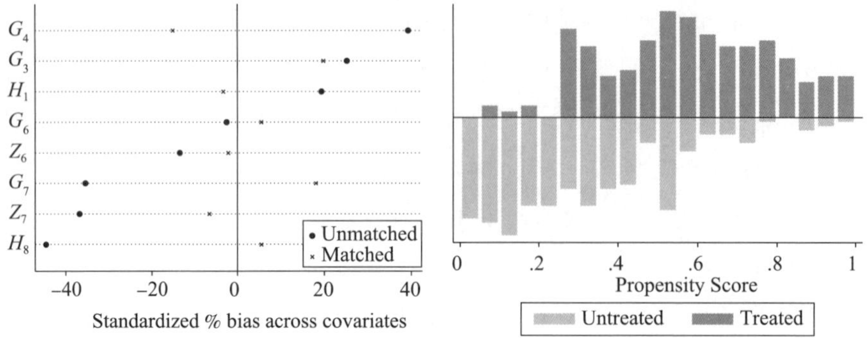

图 6-4　舍饲替代 PSM 平衡性检验结果(左)与倾向得分(右)

结合倾向得分匹配的平衡性检验表和图形(图 6-4)可知，变量草场承包面积、核定载畜量在匹配前后均不满足平衡性检验(P 值小于 0.1)，而其余变量在匹配前不通过平衡性验证，在匹配后通过了平衡性验证。从倾向得分图形可以看出，大部分处理组每个得分均有相应的对照组匹配，可以用于后续结果分析。

2. 倾向性得分匹配的结果分析

表 6-9 反映了草原生态补奖政策通过舍饲替代对饲养规模变动与收入的影响。

表 6-9　舍饲替代的 PSM 估计结果

处理效应变量		舍饲替代	未舍饲替代	ATT 值	标准误差	t 值
饲养规模变动	匹配前	-62.41	-144.85	82.43	17.05	4.83***
	匹配后	-62.41	-122.08	59.67	33.42	1.79**
收入的自然对数	匹配前	10.26	10.25	0.01	0.10	0.09
	匹配后	10.26	9.66	0.60	0.20	3.05***

注：**代表 1%显著性水平；***代表 0.1%显著性水平。

从饲养规模变动来看，匹配前，实施舍饲替代的牧户饲养规模平均减少 62.41 羊单位，未实施舍饲替代的牧户饲养规模平均减少 144.85 羊单位，且在 1%水平显著。匹配后，实施舍饲替代的牧户饲养规模平均减少 62.41 羊单位，未实施舍饲替代的牧户饲养规模平均减少 122.08 羊单位，且在 10%水平显著。同样受草原生态补奖政策影响，实施舍饲替代的牧户的减畜力度显著低于未实施舍饲替代的牧户，实施舍饲替代的牧户相对于未实施舍饲替代的牧户饲养规模变动低了 59.67 个单位，即舍饲、半舍饲抑制了牧户减畜。

从收入的自然对数来看，匹配前，实施舍饲替代的牧户收入自然对数均值为 10.26，未实施舍饲替代的牧户的收入自然对数均值为 10.25，且两者差异不显著，说明在匹配前牧户是否有舍饲替代在收入上面无显著差异。匹配后，实施舍饲替代的牧户的收入自然对数均值为 10.26，未实施舍饲替代的牧户的收入自然对数均值为 9.66，且在 1%水平显著。说明忽略选择性偏差，仅考虑草原生态补奖政策的纯效应，实施舍饲替代的牧户的收入对数值比未实施舍饲替代的牧户多 0.60，即实施舍饲替代的牧户的收入是未实施舍饲替代的牧户收入的 1.82 倍(exp(0.60))。

综上所述，舍饲替代对饲养规模变动有显著影响，对牧户收入自然对数也有显著影响。实施舍饲替代的牧户饲养规模变动小于未实施舍饲替代的牧户，且前者平均收入是后者收入的 1.82 倍。

3. 倾向性得分匹配的稳健性检验

为了进一步确保结果的稳健性，利用临近匹配法和半径匹配法进一步估计草原生态补奖政策对牧户舍饲替代的影响。表 6-10 为临近匹配与半径匹配的平均处理效果的估计结果。尽管通过不同的匹配方法获得的 ATT 值之间存在差异，但结果表明，在剥离样本间系统差异后，舍饲替代仍对牧户羊单位数量与收入的自然对数产生影响，这与二元 Logistic 模型的回归结果基本一致。

表 6-10　舍饲替代的 PSM 稳健性检验

匹配方法		饲养规模变动			收入的自然对数		
		ATT 值	标准误差	*t* 值	ATT 值	标准误差	*t* 值
临近匹配法(neighbor=1)	匹配前	82.43	17.05	4.83	0.01	0.10	0.09
	匹配后	60.37	29.34	2.06	0.91	0.25	3.58
临近匹配法(neighbor=2)	匹配前	82.43	17.05	4.83	0.01	0.10	0.09
	匹配后	61.57	27.52	2.24	0.85	0.22	3.80
半径匹配法(caliper=0.01)	匹配前	82.43	17.05	4.83	0.01	0.10	0.09
	匹配后	53.28	35.72	1.49	0.72	0.23	3.21

续表

匹配方法		饲养规模变动			收入的自然对数		
		ATT 值	标准误差	t 值	ATT 值	标准误差	t 值
半径匹配法（caliper=0.1）	匹配前	82.43	17.05	4.83	0.01	0.10	0.09
	匹配后	76.69	30.65	2.50	0.33	0.18	1.87

三、种草替代的倾向得分匹配分析

1. 倾向性得分匹配的平衡性检验

表 6-11 结果显示，匹配前，处理组和对照组的虫草收入、家庭成员最高学历、是否参加培训、草场承包面积、草场禁牧面积占比及核定载畜量变量的标准化偏差最大值是 44.80%，最小值是 25.10%，且在 1%水平上显著；匹配后处理组和对照组的是否有虫草收入、家庭成员最高学历、是否参加培训、草场承包面积、草场禁牧面积占比及核定载畜量变量的标准化偏差大幅度下降，偏差减少幅度最大达 87.70%（是否参加培训）。但存栏规模标准偏差变大，偏差上升幅度最高达 120.40%。从 t 检验来看，匹配前处理组和对照组的是否有虫草收入、家庭成员最高学历、是否参加培训、草场承包面积、草场禁牧面积占比及核定载畜量变量在 1%显著水平上存在差异，而匹配后不存在显著差异，即以上变量在匹配前不满足平衡性假设，而在匹配后通过了变量的平衡性检验。草原承包面积、核定载畜量在匹配前后都存在 1%水平显著差异，即草原承包面积、核定载畜量变量不满足平衡检验。处理组与对照组的牧户区位变量在匹配前后都不存在显著差异，说明通过平衡性检验。综上所述，种草替代的大多数变量通过了平衡性检验，PS 匹配可以消除大部分“自选择”误差。

表 6-11　种草替代的 PSM 平衡性检验

变量		各组均值		标准偏差（%）	偏差减少（%）	t 检验	
		种草替代	未种草替代			t 值	P 值
牧户家庭所在区位	匹配前	0.30	0.36	-13.40	84.30	-1.35	0.18
	匹配后	0.30	0.31	-2.10		-0.20	0.84

续表

变量		各组均值		标准偏差（%）	偏差减少（%）	t 检验	
		种草替代	未种草替代			t 值	P 值
是否有虫草收入	匹配前	0.35	0.53	-36.80	82.40	-3.71	0.00
	匹配后	0.35	0.38	-6.50		-0.62	0.54
家庭成员最高学历	匹配前	2.37	1.99	19.30	83.20	2.09	0.04
	匹配后	2.37	2.43	-3.20		-0.29	0.78
是否参加培训	匹配前	0.21	0.41	-44.80	87.70	-4.47	0.00
	匹配后	0.21	0.19	5.50		0.58	0.56
草场承包面积	匹配前	2298.40	1732.00	25.10	21.30	2.53	0.01
	匹配后	2298.40	1852.50	19.80		1.72	0.09
草地禁牧面积占比	匹配前	0.66	0.59	39.30	61.70	3.76	0.00
	匹配后	0.66	0.68	-15.10		-1.52	0.13
存栏规模	匹配前	91.19	93.47	-2.50	-120.40	-0.25	0.80
	匹配后	91.19	86.17	5.50		0.55	0.59
核定载畜量	匹配前	52.58	79.92	-35.40	49.00	-3.38	0.00
	匹配后	52.58	38.64	18.10		2.85	0.01

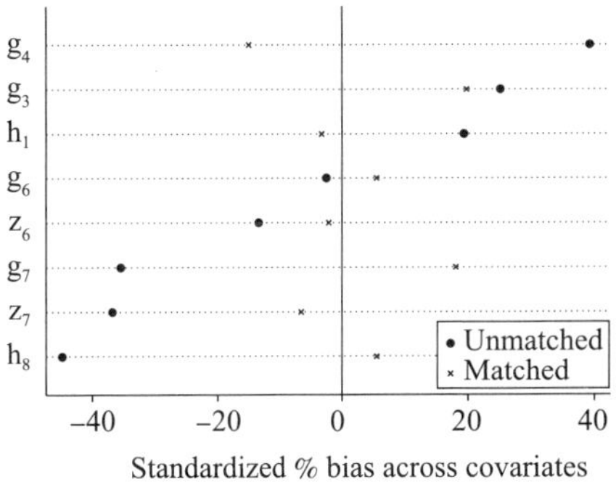

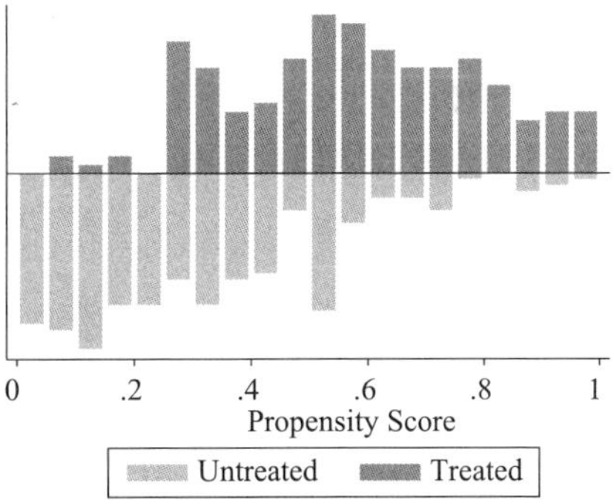

图 6-5 种草替代 PSM 平衡性检验结果（左）与倾向得分（右）

结合倾向得分匹配的平衡性检验表和图形（图 6-5）可知，变量草场承包面积、核定载畜量在匹配前后均不满足平衡性检验（*P* 值<0.1），而其余变量在匹配前不通过平衡性验证，在匹配后通过了平衡性验证。倾向得分图形显示，大部分处理组每个得分均有相应的对照组匹配，可以用于后续结果分析。

2. 倾向性得分匹配的结果分析

表 6-12　种草替代的 PSM 估计结果

处理效应变量		种草替代	未种草替代	ATT 值	标准误差	t 值
饲养规模变动	匹配前	-64. 59	-122. 80	58. 21	16. 25	3. 58***
	匹配后	-64. 59	-164. 55	99. 97	25. 47	3. 92***
收入的自然对数	匹配前	9. 85	9. 89	-0. 04	0. 15	-0. 27
	匹配后	9. 85	9. 84	0. 01	0. 26	0. 05

注：***代表 0. 1%显著性水平。

表 6-12 反映了草原生态补奖政策通过种草替代对饲养规模变动与收入的影响。

从饲养规模变动来看，匹配前，实施种草替代的牧户饲养规模平均减少 64. 59 个羊单位，未实施种草替代的牧户饲养规模平均减少 122. 80 个羊单位，且在 1%水平显著。匹配后，实施种草替代的牧户饲养规模平均减少 64. 59 个羊单位，未实施种草替代的牧户饲养规模平均减少 164. 55 个羊单位，且在 1%水平显著。这说明在剔除其他影响因素影响下，种草替代对饲养规模变动有显著影响，有种草替代的牧户比未实施种草替代的牧户饲养规模更大。

从收入的自然对数来看，匹配前，实施种草替代的牧户的收入自然对数均值为 9. 85，未实施种草替代的牧户的收入自然对数均值为 9. 89，且两者差异不显著，说明在匹配前牧户是否有种草替代对其收入无显著影响。匹配后，实施种草替代的牧户的收入自然对数均值为 9. 85，实施未种草替代的牧户的收入自然对数均值为 9. 84，且差异不显著。说明在提出其他影响因素下，种草替代并没有对牧户收入提升发挥作用。以上结论可能原因是：三江源地区气候寒冷干燥，高寒牧草产量、高度均小于温带牧草，牧户牧草种植多选择圈窝种草、大棚种草，牧草种植收益低于低海拔地区，且牧民参与牧草补播项目的收入并未对家庭增收有显著效果。

以上结论说明，种草替代对饲养规模变动有显著影响，实施种草替代的牧户比未实施种草替代的牧户饲养规模更大；但种草替代对牧户增收无显著作用。

3. 倾向性得分匹配的稳健性检验

为验证以上结论的准确性，本节使用临近匹配与半径匹配法对结果进行稳健性检验。表 6-13 为临近匹配与半径匹配的平均处理效果的估计结果。检验结果显示，通过不同匹配方法获得 ATT 的数值无差异，结果表明，采用 PSM 分析种草替代仍对牧户羊单位数量与收入的自然对数产生影响，这与二元 Logistic 模型的回归结果基本一致。

尽管通过不同的匹配方法获得的 ATT 的数值之间存在差异，但结果表明，在剥离样本间系统差异后，放牧替代行为仍对牧户羊单位数量与收入的自然对数产生影响，这与二元 Logistic 模型的回归结果基本一致。

表 6-13　种草替代的 PSM 稳健性检验

匹配方法		y_1			$\ln y_2$		
		ATT 值	标准误差	t 值	ATT 值	标准误差	t 值
临近匹配法（neighbor=1）	匹配前	58.21	16.25	3.58	-0.04	0.15	-0.27
	匹配后	147.32	27.76	5.31	0.06	0.31	0.19
临近匹配法（neighbor=2）	匹配前	58.21	16.25	3.58	-0.04	0.15	-0.27
	匹配后	118.44	23.87	4.96	-0.10	0.29	-0.35
半径匹配法（caliper=0.01）	匹配前	58.21	16.25	3.58	-0.04	0.15	-0.27
	匹配后	119.15	24.04	4.96	-0.08	0.26	-0.33
半径匹配法（caliper=0.1）	匹配前	58.21	16.25	3.58	-0.04	0.15	-0.27
	匹配后	76.68	22.65	3.39	-0.01	0.25	-0.03

四、非农生计替代的倾向得分匹配分析

1. 倾向性得分匹配的平衡性检验

表 6-14 及图 6-6 显示，匹配前，处理组和对照组的从业年限、是否有虫草收入、畜牧业收入占比、补奖补贴的标准化偏差最大值是 154.2%，最小值是 26.9%，且在 1%水平上显著，说明匹配前以上变量没有通过平衡性检验；牧户家庭区位、核定载畜量的标准偏差分别为 8.40%与 11.90%，且差异不显著，说明满足平衡性假设。匹配后，从业年限、牧户家庭区位、是否有虫草收入、畜牧业收入占比、核定载畜量、补奖补贴都

在1%水平上差异显著，说明以上变量没有通过平衡性检验，即样本匹配结果不理想。这6个对非农替代行为有显著影响的变量在处理组和对照组间差异巨大，这也给此处PSM分析结果的有效性提出了挑战。因此，本章将结合倾向得分匹配结果，以处理组与对照组的倾向得分作为参考，得出一些可供其他研究参考的分析结果。

表6-14 非农生计替代的PSM平衡性检验

变量		各组均值		标准偏差（%）	偏差减少（%）	*t* 检验	
		有替代	无替代			*t* 值	*P* 值
从业年限	匹配前	31.31	35.67	-30.60	47.30	-2.64***	0.01
	匹配后	31.52	33.82	-16.10		-2.00**	0.05
牧户家庭区位	匹配前	0.33	0.37	-8.40	-632.40	-0.76	0.45
	匹配后	0.32	0.61	-61.40		-7.66***	0.00
是否有虫草收入	匹配前	0.58	0.07	129.20	29.40	10.31***	0.00
	匹配后	0.59	0.23	91.20		9.83***	0.00
畜牧业收入占比	匹配前	0.44	0.94	-154.20	74.70	-12.56***	0.00
	匹配后	0.43	0.31	39.00		3.80***	0.00
核定载畜量	匹配前	70.87	61.80	11.90	-101.10	0.99	0.33
	匹配后	70.97	52.72	24.00		3.07***	0.00
补奖补贴	匹配前	1.10	1.42	-26.90	43.00	-2.61***	0.01
	匹配后	1.10	0.91	15.30		2.65***	0.01

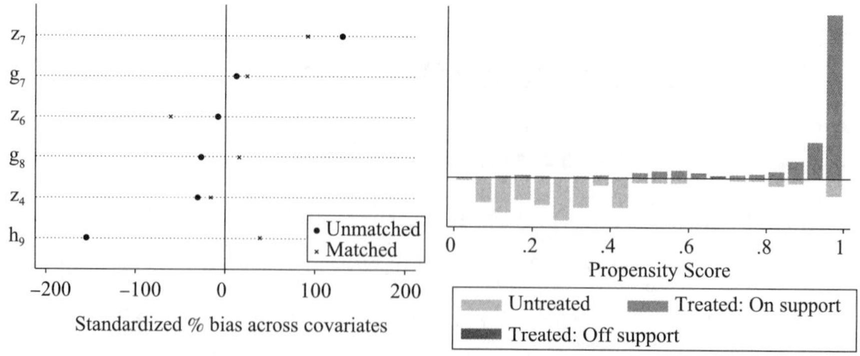

图6-6 非农生计替代PSM平衡性检验结果（左）与倾向得分（右）

2. 倾向性得分匹配的结果分析

表 6-15 反映了草原生态补奖政策通过非农生计替代对饲养规模变动与收入的影响。

从饲养规模变动来看，匹配前，实施非农生计替代的牧户饲养规模平均减少 98.68 个羊单位，未实施非农生计替代的牧户饲养规模平均减少 98.26 个羊单位，且差异不显著。匹配后，实施非农生计替代的牧户饲养规模平均减少 98.01 个羊单位，未实施非农生计替代的牧户饲养规模平均减少 122.94 个羊单位，且差异不显著。这说明牧户是否有非农生计替代对饲养规模变动无显著影响。根据实际调查，分析其可能原因是，牧区牧户家庭规模大于农区与城市，且家庭成员从业意愿存在代际差异。如老人、妇女不会外出打工，更倾向于留守家中，照看家与管理牲畜；年轻一代更倾向于外出打工。调查中发现，许多牧户家庭的二代、三代已无草场可分，且从事畜牧业意愿下降。相对于牧区生活的单调、牧业劳动的繁重，年轻一代牧民更倾向于去州府、省会甚至外省寻找新的工作机会。另外，不同于农区，牛羊肉是牧区家庭主食，牧区家庭的乳制品、肉类多自给自足。因此，不论牧户是否有家人外出务工，只要仍居住在牧区草原，就会遵从原有生活习俗饲养牲畜，哪怕是“后院式的小农生产”。

从收入的自然对数来看，匹配前，实施非农生计替代的牧户的收入的自然对数均值为 10.32，未实施非农生计替代的牧户的收入的自然对数均值为 10.06，且在 5%水平上差异显著，说明在匹配前牧户是否有非农生计替代对收入有显著影响。匹配后，未实施农生计替代的牧户的收入的自然对数均值为 10.33，未实施非农生计替代的牧户的收入的自然对数均值为 9.79，且在 10%水平上差异显著。说明剔除其他影响因素，非农生计替代对牧户收入提升发挥作用。有非农生计替代的牧户收入的自然对数比没有非农替代的牧户多 0.28，即有非农生计替代的牧户的收入是为无非农生计替代牧户的收入的=1.32 倍(exp(0.28))。

综上所述，非农生计替代对饲养规模变动无显著影响，对收入的自然对数有显著影响。即无论牧户是否有非农生计替代，牧户饲养规模变化都不受影响，但牧户收入会显著提升。

表 6-15　非农替代的 PSM 估计结果

处理效应变量		有替代	无替代	ATT 值	标准误差	t 值
饲养规模变动	匹配前	-98.68	-98.26	-0.42	19.89	-0.02
	匹配后	-98.01	-122.94	24.94	42.50	0.59
收入的自然对数	匹配前	10.32	10.06	0.26	0.12	2.29**
	匹配后	10.33	9.79	0.54	0.29	1.86*

注：*代表5%显著性水平；**代表1%显著性水平。

3. 倾向性得分匹配的稳健性检验

使用临近匹配与半径匹配的方法对结果进行稳健性检验，结果见表 6-16。

表 6-16　非农生计替代的稳健性检验

匹配方法		y_1			$\ln y_2$		
		ATT 值	标准误差	t 值	ATT 值	标准误差	t 值
临近匹配法(neighbor=1)	匹配前	-0.42	19.89	-0.02	0.26	0.12	2.29
	匹配后	60.74	44.82	1.36	0.84	0.42	2.00
临近匹配法(neighbor=2)	匹配前	-0.42	19.89	-0.02	0.26	0.12	2.29
	匹配后	10.88	51.70	0.21	0.43	0.36	1.19
半径匹配法(caliper=0.01)	匹配前	-0.42	19.89	-0.02	0.26	0.12	2.29
	匹配后	36.55	56.59	0.65	1.14	0.46	2.49
半径匹配法(caliper=0.1)	匹配前	-0.42	19.89	-0.02	0.26	0.12	2.29
	匹配后	28.29	41.86	0.68	0.50	0.28	1.77

第五节　本章小结

本章分析了草原生态补奖政策对牧户放牧替代行为的影响，验证了草原生态补奖政策对舍饲替代、种草替代和非农生计替代的影响。结果表明，草原生态补奖政策对牧户舍饲替代、种草替代与非农生计替代均产生影响。描述性统计分析显示，无舍饲替代、无种草替代、有非农生计替代的牧户家庭收入更高。实证结果显示：第一，草场承包面积小、补奖补贴少、牲畜存栏规模大的牧户实施舍饲替代的概率更大；舍饲替代对牧户的饲养规模变动有显著影响，有舍饲替代的牧户的饲养规模变动小于无舍饲替代的牧户；舍饲替代对牧户收入有显著影响，有舍饲替代的牧户的平均收入是后者收入的1.82倍。第二，种草替代对饲养规模变动有显著影响，有种草替代的牧户比无种草替代的牧户饲养规模更大；草场承包面积越大、草地禁牧面积占比越大、存栏规模高、核定载畜量大的牧户实施种草替代的概率更大；没有虫草收入、未参加过培训的牧户实施种草替代的概率更大。第三，非农生计替代对饲养规模变动无显著影响，对收入有显著影响，即无论牧民是否有非农生计替代，牲畜饲养规模变化都不受非农生计影响，但有非农生计替代的牧户，其家庭收入会显著提升。居住在环湖区、有虫草收入且牧户兼业程度越高、补奖补贴收入越低的牧户越倾向选择非农生计替代。这说明，牧区政府应加大培训力度，拓宽牧户就业渠道，提升牧区劳动力素质，通过转变牧民非农生计策略，引导牧业剩余劳动力充分就业，以减少对草地的破坏，促进牧户增收。

第七章

草原生态补奖政策下牧户放牧行为约束机制

从前文分析可知，草原生态补奖政策对牧户生产决策产生影响。当草原生态补奖政策落地后，牧户生产决策基于“个体理性”，目的是获取个体效益最大化，而政府决策则基于“集体理性”，目的是实现社会整体效益最大化。因此，在草原生态补奖政策实施过程中，政府与牧户出现了利益不一致的情形。为了减少牧户违规放牧行为，保证政策顺利实施，本章以政府与牧户间利益诉求差异为分析对象，结合政府与牧户两方博弈分析，提出牧户放牧行为约束机制构建建议。

第一节　政府与牧户利益诉求分析

一、政府利益诉求分析

草原生态补奖政策实施中，政府职责包括构建草原生态补偿框架，制定草原生态补奖政策，实施并监督草原生态补奖政策顺利开展，干预协调政策在执行中市场机制失灵的利益争端。因此，政府角色职能是排除草原生态补奖政策落地过程中的阻碍，保证政策顺利实施。在这一过程中，政府以“集体理性”为根本出发点，其利益诉求通过政策目标向公众传递，即保护草原生态环境、促进畜牧业转型发展和促进牧户增收。首先，保护草原生态环境是政府主要利益诉求，该利益诉求通过减少草地畜牧业放牧，以限牧、禁牧手段实现。其次，促进畜牧业转型发展是保护生态利益诉求下的衍生诉求。其利益诉求是通过推广舍饲、半舍饲、人工牧草种植与减少过度放牧来实现草地畜牧业生态发展。最后，促进牧民增收是政府的根本利益诉求。促进牧民增收是政府基本职能，也是社会经济发展的体现。并且，在草原生态补偿过程中，由于草场禁牧限牧，牧户经济利益受损、生计策略被迫改变，为了保证整体社会福利最大化，维护社会安定统一，政府需要向牧户支付生态补偿，保障牧户增收。综上所述，政府利益诉求是“集体理性”下的集体需求，与草原生态补奖政策目标一致，可概括为“两促一保”。

二、牧户利益诉求分析

草原生态补奖政策实施中，由于政策对限牧、禁牧的规定，从短期来看牧户经济利益受损、生计策略被迫改变。但是从长期看，牧户也可从草原生态环境改善的正外部性中受益。因此，牧户既是补奖政策受益者，享受生态好转的长期利益，又是草原破坏者、政策实施对象。根据“经济人”假设，不论草原生态补奖政策是否实施，牧户利益诉求都是收入有保障、收入增加。然而，由于政策实施，使得牧户无法通过出租禁牧草场赚取租金，也无法如政策实施前开展放牧生产，牧户从草原获得的保障在减少。具体来看，体现在以下方面：第一，牧户从草原获得的肉奶皮毛粪等畜产品保障减少。例如在调研中，某定居点多个牧户反映，在禁牧与生态移民搬迁后，家庭饲养自食牲畜数量减少，乳制品来源减少，取暖用的牛粪需要“花钱购买”。第二，草原承包现状与草原生态保护进一步割裂了新一代牧民对草原的情感。调研中发现，有些地区第二代、第三代牧户已无草场可分，外加上草原生态保护与禁牧政策实施，无放牧草场的牧民数量增加，这些牧民多选择外出打工、自营小工商业（如开饭馆、农家乐、旅店或小商店）或成为牧业雇工。以上现状使得牧民世代以草原为家、以草原为生、以草原为保障的感情被减弱，从草场获得的情感保障被削减。第三，草原生态补偿使得牧户收入保障减少，原因是禁牧草场不能出租，限牧草场不能超载，牲畜不能保持原有饲养数量，牧户无法再维持政策实施前的畜牧业收入。可见，草原生态补奖政策实施后，牧民从草原获取的物质保障、情感保障与增收保障受到影响。因此，在草原生态补奖政策实施后，牧户利益诉求不仅是增收，还包括增收有保障。

三、两方利益诉求差异分析

由于草原生态服务产品的非竞争性与非排他性，公众受到了草原生态环境外部效应的影响。作为草原生态补奖政策的核心利益主体，牧户决策行为基于“个体理性”，政府决策行为基于“集体理性”，这必然形成草原生态补奖政策实施中政府与牧户利益不一致的局面。由上两节分析可知：政府利益诉求是保护草原生态环境，促进畜牧业转型发展，促进牧户增收；牧户利益诉求是增加家庭收入且增收有保障。二者共同利益诉求都是增收(图 7-1)，但二者存在利益诉求差异：政府首要利益诉求是保护草原生态环境，其次是促进畜牧业转型发展；而牧户首要利益诉求是增收有保障。造成二者利益差异的原因在于政府通过限制牧户草场使用权，引导牧户改变牲畜饲养方式，降低了牧户增收保障感知。因此，协调二者利益诉求的关键是提升牧户增收保障感知，创建以政府为主导的牧户增收保障机制。

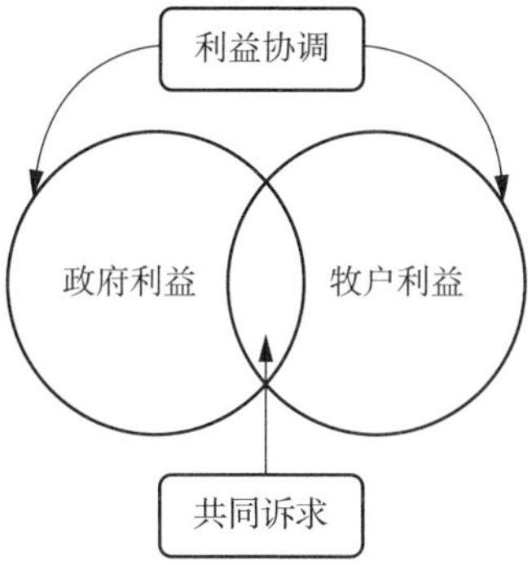

图 7-1 草原生态补奖政策中二者利益关系图

第二节　政府与牧户行为博弈分析

一、两方非合作博弈行为分析

在草原生态补奖政策实施中，牧户生产决策取决于决策方案的净收益比较。按照“理性人”假说，在上文提及的生产决策中，牧户都会选择收益最大化方案。需要注意的是，只要牧户选择从事畜牧业生产，为了实现利益最大化，都会面临违规放牧①抉择，原因是违规放牧可以带来短期效益，降低牲畜饲养成本。然而，为了防止违规放牧行为对草原的破坏，政府会履行一系列监管职责，通过行政手段约束牧户放牧行为。如《青海省实施〈中华人民共和国草原法〉办法》中，就明确规定了政府的监管职责与对牧户违规放牧的处罚标准。

作为草原生态补奖政策的核心利益者，牧户违规放牧决策与政府监管决策间存在博弈。在草原生态补奖政策实施后，牧户策略选择为违规放牧与规范放牧，草原监管部门（政府）策略选择为巡查草场与不巡查草场。

假设 M 为牧户所得草原生态补偿，F 为牧户违规放牧罚款，P 为牧户违规放牧时政府的正外部收益，Q 为牧户按规定放牧时政府的正外部收益（$P<Q$），C 为草原监管成本，G 为牧户不违规放牧时草原的保护成本。同时假设，只要牧户违规放牧，草原监管部门开展巡查，就能发现其违规行为，且违规放牧罚款大于草原监管部门检查成本（表 7-1）。

① 违规放牧是指牧户超载过牧或在禁牧草场或其他非自有承包草场、草地擅自放牧、偷牧、盗牧、夜牧的行为。为了打击违规放牧行为，当地草管员会采取巡查草场的方式，并联合当地执法部门对违规放牧行为给予处罚。

表 7-1　放牧巡查博弈收益矩阵 I

		草原监管部门	
		巡查草场	不巡查草场
牧户	违规放牧	$M-F$，$P-C+F$	M，P
	不违规放牧	$M-G$，$Q-C$	$M-G$，Q

若给定草原监管部门巡查草场，则牧户最优策略选择为不违规放牧；若给定草原监管部门不巡查草场，则牧户最优策略选择为违规放牧。同理，若给定牧户违规放牧，则草原监管部门最优策略是巡查草场；若给定牧户不违规放牧，则草原监管部门（政府）最优策略是不巡查草场。以上分析说明，该博弈模型不存在纯策略纳什均衡，但存在混合策略纳什均衡（Nash，1951）。

则，牧户收益矩阵为：

$$A=\begin{bmatrix} M-F & M \\ M-G & M-G \end{bmatrix} \tag{7.1}$$

政府收益矩阵为：

$$B=\begin{bmatrix} P-C+F & P \\ Q-C & Q \end{bmatrix} \tag{7.2}$$

设牧户违规放牧概率为 x，不违规放牧概率为 $1-x$；草原监管部门监管违规放牧行为的概率为 y，不监管的概率为 $1-y$，可得政府与牧户两方行为的纯策略期望收益。

牧户违规放牧期望收益为：

$$(M-F)y+M(1-y) \tag{7.3}$$

牧户按规定放牧期望收益为：

$$(M-G)y+(M-G)(1-y) \tag{7.4}$$

草原监管部门巡查草场期望收益为：

$$(P-C+F)x+(Q-C)(1-x) \tag{7.5}$$

草原监管部门不巡查草场期望收益为：

$$Px+Q(1-x) \tag{7.6}$$

根据“合理性原则”，牧户选择违规放牧和不违规放牧的期望收益应相等，则：

$$(M-F)y+M(1-y)=(M-G)y+(M-G)(1-y)$$

$$(P-C+F)x+(Q-C)(1-x)=Px+Q(1-x) \tag{7.7}$$

由 7.7 式可得：

$$y_1^*=y=\frac{G}{F}$$

$$y_2^*=1-y=1-\frac{G}{F}$$

$$x_1^*=x=\frac{C}{F}$$

$$x_2^*=1-x=1-\frac{C}{F} \tag{7.8}$$

因此，牧户依据混合策略 $X^*=(x_1{}^*,\ x_2{}^*)$ 的概率选择是否违规放牧，草原监管部门依据混合策略 $Y^*=(y_1{}^*,\ y_2{}^*)$ 的概率选择是否监管。

在混合策略 $(X^*,\ Y^*)$ 下，草原监管部门的期望收益为：

$$E_1(X^*,\ Y^*)=\sum_{i=1}^{2}\sum_{j=1}^{2}b_{ij}x_i^*y_j^*$$

$$=(P+C+F)x_1^*y_1^*+P\,x_1^*y_2^*+(Q-C)x_2^*y_1^*+Q\,x_2^*y_2^* \tag{7.9}$$

以上分析说明，牧户违规放牧的概率与草原监管罚款金额成反比，提高罚款金额可以减小牧户违规放牧概率。同时，草原监管部门巡查草场的概率与草原监管罚款成反比，即对违规放牧牧户处罚越重，草原监管部门巡查草场的概率越小。显然，根据此结论，一味采用严厉处罚是不利于草原监管部门开展工作的。原因在于，草原巡查不仅要处理违规放牧问题，还需要观测牧草产量、高度、生物多样性、虫鼠害，及时发现草原火患等。因此，要减少牧户违规放牧行为，依靠罚款这种负激励手段还不够，需要适当应用正激励手段。

二、约束牧户放牧行为的行政手段选择

从前文可知，牧户违规放牧行为的抉择取决于预期净收益。当违规放

牧的预期净收益大于规范放牧时，牧户选择违规放牧，否则反之。同时，两方博弈结果表明，牧户违规放牧的概率与草原监管处罚金额呈反比。为减少牧户违规放牧行为，草原监管部门需要实施行政手段来抑制违规放牧行为的出现，使得政府保护草原与牧户保障增收动机相融合。上文分析了罚款对约束牧户放牧行为的作用，可知罚款这一行政手段作为负激励可以减少牧户违规放牧行为。由于正激励和负激励是激励的两个方面，因此将正激励变量引入博弈模型，观测两方博弈收益变化。

在草原生态补奖政策的实施中，政府对未查出违规放牧的牧户给予绩效奖励，以现金形式发放，设为 R。由于牧户选择违规放牧概率为 x，草原监管部门选择巡查概率为 y。则牧户未被查出违规放牧时，牧户与政府策略集包括：不违规放牧，巡查草场；不违规放牧，不巡查草场；违规放牧，不巡查草场；违规放牧，巡查草场。若牧户未被查出违规放牧，则可享受草原生态补奖绩效奖励 R，引入绩效奖励后两方博弈收益矩阵见表 7-2。

表 7-2　放牧巡查博弈收益矩阵 Ⅱ

		草原监管部门	
		巡查草场	不巡查草场
牧户	违规放牧	$M-F$，$P-C+F$	$M+R$，$P-R$
	不违规放牧	$M-G+R$，$Q-C-R$	$M-G+R$，$Q-R$

此时牧户收益矩阵为：

$$A=\begin{bmatrix} M-F & M+R \\ M-G+R & M-G+R \end{bmatrix} \tag{7.10}$$

政府收益矩阵为：

$$B=\begin{bmatrix} P-C+F & P-R \\ Q-C-R & Q-R \end{bmatrix} \tag{7.11}$$

设牧户违规放牧概率为 x，不违规放牧概率为 $1-x$；草原监管部门监管违规放牧行为的概率为 y，不监管的概率为 $1-y$，可得政府与牧户两人行为的纯策略期望收益。

牧户违规放牧期望收益为：

$$(M-F)y+(M+R)(1-y) \tag{7.12}$$

牧户按规定放牧期望收益为：

$$(M-G+R)y+(M-G+R)(1-y) \tag{7.13}$$

草原监管部门巡查草场期望收益为：

$$(P-C+F)x+(Q-C-R)(1-x) \tag{7.14}$$

草原监管部门不巡查草场期望收益为：

$$(P-R)x+(Q-R)(1-x) \tag{7.15}$$

根据“合理性原则”，牧户选择违规放牧和不违规放牧的期望收益应相等，则：

$$\begin{aligned}(M-F)y+(M+R)(1-y)&=(M-G+R)y+(M-G+R)(1-y)\\(P-C-F)x+(Q-C-R)(1-x)&=(P-R)x+(Q-R)(1-x)\end{aligned} \tag{7.16}$$

由式(7.16)可得：

$$y_1^{**}=y=\frac{G}{F+R}$$

$$y_2^{**}=1-y=1-\frac{G}{F+R}$$

$$x_1^{**}=x=\frac{C}{F+R}$$

$$x_2^{**}=1-x=1-\frac{C}{F+R} \tag{7.17}$$

因此，牧户依据混合策略 $X^{**}=(x_1^{**},\ x_2^{**})$ 的概率选择是否违规放牧，草原监管部门依据混合策略 $Y^{**}=(y_1^{**},\ y_2^{**})$ 的概率选择是否巡查草场。

在混合策略(X^{**}，Y^{**})下，草原监管部门的期望收益为：

$$\begin{aligned}E_2(X^{**},\ Y^{**})&=\sum_{i=1}^{2}\sum_{j=1}^{2}b_{ij}x_i^{**}y_j^{**}\\&=(P-C-F)x_1^*y_1^*+(P-R)x_1^*y_2^*+(Q-C-R)x_2^*y_1^*+(Q-R)x_2^*y_2^*\end{aligned} \tag{7.18}$$

以上分析说明：第一，对比罚款与绩效奖励的博弈期望收益，可知当政府采取绩效奖励这一行政手段后，草原监管部门期望收益下降($E_1<E_2$)。

第二，当引入绩效奖励这一行政手段后，牧户违规放牧概率与草原监管部门草场巡查概率进一步减小。

两方博弈分析显示，罚款与绩效奖励在约束牧户放牧行为中发挥着重要作用：提高罚款金额可以减小牧户违规放牧概率，减轻草原监管部门巡查草场工作量；发放绩效奖励，可进一步减小牧户违规放牧概率，且绩效奖励金额越高，违规放牧概率与草场巡查概率越小。以上结果表明，约束牧户放牧行为可通过罚款与绩效奖励这一行政手段实现，但草原生态保护是涉及可持续发展的战略问题，相关草原生态保护政策应须具有长效性，不能仅依靠行政手段规范牧户畜牧业生产。因此，应构建牧户放牧行为约束机制，以保持草原生态保护政策的长效性。

第三节　牧户放牧行为约束的制度选择

草原是一种公共资源，具有非排他性和竞争性的特点。首先，牧户对集体草场拥有同等的放牧权；其次，当放牧牲畜的饲草消耗量超过草原的再生能力时，草原就会退化。因此 Ostrom（1961）把草原看成一种公共池塘资源。由于草原的公共池塘属性，草原管理中所面对的最大问题就是过牧导致的草地资源退化。我国实施草原生态补奖政策的目的是通过限制牧户放牧行为释放草地承载压力，从而实现生态保护、牧业发展和牧民增收的目标。

哈丁曾用“公地悲剧”来描述草地的过牧问题，并给出了“公地悲剧”的解决措施：一是通过界定产权，运用市场化手段来解决过牧问题；二是通过集权控制的方式，由政府对草地资源的使用进行统一管理。但哈丁的解决方案有严格的适用限制：首先，产权私有化①下，草场的由集体共用共管转变为家庭个体经营。此时，牧户对所承包的草场保护意愿增加，牧户会考虑草场的可持续利用。但市场化常伴随产权私有化，在市场调节的作

① 私有化这里指草原使用权和承包权归牧民所有。

用下，草场的可持续利用得以实现，但草原保护的负外部性问题和垄断投机等市场失灵问题不能得到解决。其次，集权控制适用条件非常严格。Ostrom（1961）认为，集权控制应建立在信息准确、监督力强、制裁有效与行政为零的假设上。另外，集权管理有可能带来“寻租”与腐败问题，在利益驱动下公共池塘资源也存在过度利用风险。

对于“公地悲剧”问题，Ostrom有不同观点，他认为集权控制和私有化是一种“出于研究方便的非现实想象”（Agrawal，2003），面对公共池塘资源的“拥挤效应”及“过度使用”问题，可以通过建立自主治理制度来实现。所谓自主治理是指占用者自发形成组织，通过在组织内部建立约束占有者投机与“搭便车”行为的自主治理制度，来实现公共池塘资源的可持续性利用。

在我国草场治理实践中，对于“过牧”与放牧限制问题，在制度层面采取了产权分配与国家集中治理方式。第一，在产权分配方面，牧区草场按照农地产权分配经验，采取“两权一制”，即所有权落归当地政府，使用权、承包权落实到牧户个人。但草地不同于农地，在联户承包制的产权改革中，虽然一些农地被碎片化，但小面积农地除牺牲规模效益外仍保持农业生产功能。在草原承包划分中，当牧户草地承包面积过小，放牧生产就会面临围栏成本高，无法轮牧、转场，进而草场退化的问题。因此在牧区的草原承包改革中，一些草原面积小的地区只是在名义上将草原承包过户，实际上仍归村集体共同所有。另一些草原面积大的牧业村，一部分草场分给牧户实施家庭经营，另一部分草场预留为夏秋草场作为集体使用草场。可以看到，青海省牧区草原的产权处于混合形式，是纯私有制、混合制与集体制的组合①，且混合制是草原产权的主要构成形式。第二，在治理方式上，我国草原治理采取自上而下的集权式的治理方式。在这种模式下，草原退化现象得到了显著改善。但由于牧区草原面积大，受当地政府的财政能力、行政能力与人员配置限制，无法实现完全由政府履行牧户放牧行为的监督职责。目前牧区基层的通用做法是聘用一部分当地牧民为草管员，协助政府管控牧户放

① 纯私有制，是指承包权和使用权归牧民私人所有；混合制是指冬春草场的承包权和使用权归牧民私人所有，但夏秋草场由集体共同承包共同使用；集体制是指草场的承包权和使用权归全部集体所有，个人无承包草场。

牧行为。另外，我国草场资源已存在“一系列自主治理”体制(周立，2013)，这些已有的自治组织拥有传承下来的放牧知识与地方实践，是集体草场利用的利益相关者，具备约束他人放牧行为的意愿。

解决“公共池塘资源”问题应考虑特定政治、社会、经济背景(Ostrom，1991)。理想的制度或许是“三脚架”，其中政府，集体，市场都有其各自不同的作用(王羊，2012)。可以看到，在我国特有的产权分配与治理模式下，约束牧户放牧行为应考虑以政府为主导的、多主体共同合作的治理模式。

第四节　牧户放牧行为约束机制构建

一、牧户放牧行为约束机制的构建思路

构建放牧约束机制的目的在于减少草地过牧行为，解决政府与牧户利益诉求差异。前文分析表明，遏制过牧行为可从三方面入手：第一，通过提升牧户增收保障感知减少过牧；第二，采取罚款与绩效奖励相结合的行政手段减小牧户违规放牧概率，减轻草原管理部门巡查工作量；第三，将多主体参与合作共治作为约束牧户放牧行为的制度安排(图 7-2)。牧户放牧行为约束机制的构建应包括以下部分。

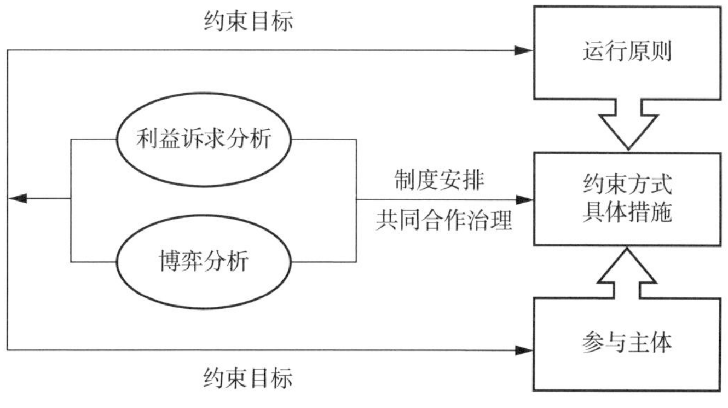

图 7-2　牧户放牧行为约束机制的构建思路

（1）牧户放牧行为约束机制的目标。

在草原生态补奖政策执行中，保护草原生态是政府首要利益诉求，也是草原生态补奖政策的首要目标。围绕“遏制违规放牧”这个核心，政府制定了一系列规章、制度、规则用于补偿牧户损失、惩罚违规放牧行为、奖励按规定放牧行为。因此，牧户放牧行为约束的目标为：通过合理的草原治理方式，规范牧户放牧行为，提高牧户增收保障感知，达到保护草原生态的首要政策目标。

（2）牧户放牧行为约束机制的原则运行。

这里的原则既是约束机制设计的准则，也是机制运行的法则，具体包括：透明公开原则、多主体参与原则、合作治理原则、公平自愿原则、信息畅通原则。

（3）牧户放牧行为约束机制的参与主体。

目前约束牧户放牧行为的职能主要由政府承担。在实践中，政府采取“行政手段+草管员”的形式来引导牧户放牧行为。通过制度选择分析可知，由于草原的公共池塘资源属性，完全依靠政府治理存在无法实现的“假设”（如监督力强、行政费用为零）；但照搬 Ostrom 观点完全采取自主治理也不符合我国牧区实际。因此，多元主体参与更符合“地方性知识和以往管理经验”（周立，2013）。牧户放牧行为约束机制的参与主体不仅包括政府，还包括自主治理组织、村集体和牧户。

（4）牧户放牧行为的约束方式。

在牧户放牧行为约束机制运行过程中，参与主体发挥作用各不相同：政府采取行政手段与搭建平台的方式来提供制度保证，从源头减少过牧行为；牧户通过合作生产的方式来应对产权分割后的草场细碎化问题；自主治理组织与村集体通过制订生产与治理等相关规则来约束牧户放牧行为。

（5）约束牧户放牧行为的具体措施。

当政府向牧户提供增收保障，并使用奖惩行政手段时，可减少牧户过牧行为。在 Ostrom 自主治理理论的基础上，结合前文分析结论，本章基于青海省牧区实际，从明确草场产权、草场使用、监督、冲突解决、惩罚和管理体系建立几方面给予具体措施建议。

二、牧户放牧行为约束机制的原则

(1)透明公开原则。

透明公开原则贯穿约束机制的各环节，是放牧约束机制法治思想的表现。结合前文“牧户对草原生态政策执行透明性认知影响到政策执行效果”的结论，透明公开原则不仅有利于牧户维护自身利益，还可以避免权力寻租和渎职的情况出现，保证多主体治理下决策的公平性。因此，透明公开原则不仅表现在治理程序中，也表现在信息的公布公开与相应措施的实施中，如自主治理的规则制订、规则与相关政策的执行、放牧监督、冲突与纠纷解决、惩罚与奖励等。

(2)多主体参与原则。

牧户放牧行为关乎草原生态保护、畜牧业发展和牧户增收，因此，在牧户放牧行为约束机制的构建过程中，需要将政策目标涉及的利益主体纳入其中。多主体参与原则是指在牧户放牧行为约束机制运行过程中，应构建政府部门、自主治理组织、村集体、牧户利益相关者等多主体参与的主体结构，充分吸纳不同利益相关者的意见，让各主体发挥不同作用，以促进机制良性运转。Marshall(2009)认为，通过多主体治理能更好地获取本地知识，使政策与环境更紧密地匹配，增强自适应管理的能力。因此，多主体参与原则是确保牧户放牧行为约束机制正常运转的基础，关乎草场资源分配、监督、纠纷处理等规则的决策问题需要秉承多主体参与原则，以确保规则制订的全面性。

(3)合作治理原则。

合作治理指在牧户放牧行为约束机制的构建过程中，政府、自主治理组织、村集体、牧户针对牧区放牧生产所采取的复合式治理模式。合作治理原则是指在牧户放牧行为约束机制的运行过程中，无论是设定自治组织规则还是执行放牧约束程序，各利益主体必须在合作的理念下，共同制订约束牧户放牧行为的相关规则，共同监督过牧行为，合作解决纠纷，分权共治草原生态，分层进行过牧惩罚。通过响应共同目标，实现对牧户放牧行为的合作治理。

(4)公平自愿原则。

牧户是公平自愿原则的主要受益者。公平原则要求自主治理组织、村集体、政府在制定规则、确定草场使用权、处罚过牧与解决纠纷时要公平公正。牧户对政策执行的公平性认知影响到牧户对草原生态补奖政策的执行效果。因此，公平是利益主体愿意参与决策事项、执行规则的基础。自愿原则是指牧户可以根据自己的真实意愿决定是否参加联户、合作社，也包括牧户可凭个人意愿自由进入或退出自主治理组织。

(5)信息畅通原则。

目前草原生态补奖政策信息传递是“自上而下”的，下级向上级负责。在政策落实中，牧户和基层政府对政策的反馈信息较难向上流动。这使得相关权利主体裁决违规放牧行为的自由度过大，易造成政策执行中的不公平和无效率。因此，应建立有效沟通渠道，让草原生态补奖政策相关信息不仅可以向下流动，还可以通畅地向上流动。通过建立约束牧户放牧行为的长效机制，达到保护草原的目的。

三、牧户放牧行为约束机制的参与主体

牧户放牧行为是涉及草场产权分配、草原治理、政策供给、过牧监督与纠纷调解的复杂生产行为，因此需要多主体参与牧户放牧行为约束。多中心理论表明，在社区治理中，多层次的决策中心配置可在集权治理与完全分散治理之间取得平衡(Imperial，1999)。这里“多中心”是指具有复杂决策中心的治理形式。在多决策中心治理下，多个决策单位重叠，这种看似低效的治理形式比中央政府配置公共产品的效率更高(V. Ostrom，1961)。本文借鉴多中心理论，引入多主体概念来阐述牧户放牧行为的治理模式。这里多主体包括政府、自主治理组织、村集体和牧户。

(1)政府部门。

在草原生态补奖政策实施中，约束牧户放牧行为的主体包括地方政府与中央政府，但两者在约束牧户放牧行为中的作用不同。中央政府主要通

过制定保障性政策、相关法规来限制牧户的违规放牧行为。地方政府主要通过履行草原监管职能、政策执行职能与公共服务职能来限制牧户放牧行为。因此，中央政府处于宏观角度，对牧户放牧行为约束侧重于政策发布、产业转型支持与牧户转移就业的引导；地方政府处于微观视角，对牧户放牧行为约束侧重于对违规放牧行为的监管与处罚。

(2)自主治理组织。

在多主体共同合作治理模式下，自主治理组织(简称自治组织)得以成立。与村集体不同的是，自治组织无行政权，不负责公共事务的管理。自治组织只负责制订草场治理与放牧管理规则，履行放牧监督职责，实施协商议事功能。自治组织成员与村干部虽然都是通过牧民选举产生，但村干部享受“一定政治经济待遇”，自治组织成员不享受任何待遇，只是村集体内草原资源占用者的代表。另外，村集体内各联户、合作社和牧户可自愿加入、退出自治组织。

(3)村集体。

村集体主要指村委会，由村民自治推选产生。村委会有调解村民纠纷、维护治安、组织生产与维护双层经营体制的职责，所以村委会也是牧户放牧行为约束机制的参与主体。

(4)牧户。

牧户是草场资源的占用者与相关利益者，也是放牧行为约束的客体。规模效益与草地生产特性表明，牧户拥有草场面积越大，越易实施牧业生产。因此牧户多采取联户或加入合作社的方式来扩大草场经营面积，提高生产能力。但所有牧户加入自治组织是不太现实的，可由联户、合作社推选出自治组织成员。另外，对于不愿联户生产的牧户，自治组织也应保证其公平自愿加入或退出。

四、牧户放牧行为的约束方式

(1)行政手段约束。

为了实现草原保护目标，政府部门可通过行政手段来约束牧户放牧行为。目前，青海省政府通过补奖绩效奖励与超载过牧罚款措施对放牧行为进行约束。如“对遵守放牧规定，绩效考核合格的牧户全额发放草原生态补奖绩效奖励，对不履行或未全面履行禁牧和草畜平衡义务的牧户，停发或相应扣减绩效奖励资金，待限期整改并考核合格后予以兑现；对整改不合格或拒不整改的，停发或相应扣减绩效奖励资金”(青海政报，2016)。其次，依据《青海省实施〈中华人民共和国草原法〉办法》，对牧户超载过牧行为给予罚款，如超载不足30%的，每个超载羊单位罚款10元……超载50%以上的，每个超载羊单位罚款30元①。

博弈分析表明，政府采取奖励的预期收益小于惩罚的预期收益。仅从收益角度来看，政府更倾向使用处罚措施。有观点认为，消除经济激励后牧户对草原生态补偿表现出较低的参与积极性(曾贤刚，2019)。因此，为了更好地实现保护草原生态环境的目的，应在现有显性激励措施下，增加隐性激励措施。如引入精神奖励，通过满足牧户“受尊重”的社会心理需要，给予遵守规则的牧户荣誉、名誉、奖状、培训或就业机会优先推荐奖励。又如，除行政罚款外，可定期公布违规放牧名单，增强执法过程的及时性与透明性。同时，在保证政策运行效率前提下，可适当提高奖励和罚款金额，进而达到约束牧户放牧行为的目的。

(2)自主治理约束。

自主治理约束是指牧户为了保护草场放牧收益、约束他人放牧行为，通过成立自主治理组织，自主商议生产规则、监督规则、惩罚措施、纠纷处理的牧户放牧行为约束方式。自主治理约束的内容包括：设计辖区内草原治理规则、确定参事议事成员、决定放牧牲畜数量、界定草场准入退出法则等。但自主治理约束有适用前提，政府对自主治理组织的认可和支持是自主治理约束实施的前提。在我国“自上而下”的治理模式下，自主治理约束不能处于主导地位，但对放牧行为约束起到了重要作用，是现有草原

① 《青海省实施〈中华人民共和国草原法〉办法》于2007年9月28日在青海省第十届人民代表大会常务委员会第三十二次会议通过，于2010年5月27日青海省第十一届人民代表大会常务委员会第十五次会议修正，于2018年9月18日青海省第十三届人民代表大会常务委员会第六次会议第二次修正。

治理模式的有益补充。

(3)生产合作约束。

生产合作约束是指牧户通过联户或加入合作社的方式，来扩大放牧用草场实现轮牧，从而避免分布型过牧的放牧约束方式。在青海省牧区，联户或加入合作社的形式比较常见。牧户通常因为血缘或地缘进行合作生产，但这种合作生产形式只能避免分布型过牧，并不能避免主动型过牧。因此，生产合作约束为牧户放牧约束创造了必要的条件，但不能作为约束牧户放牧行为的主要方式。另外，在这种方式下，根据自愿原则，牧户享有自主加入或退出联户、合作社的权利，但牧户草场产权转移需要经过村委会和自主治理组织同意。

五、牧户放牧行为约束的具体措施

从以上分析可知，要保持公共池塘资源的可持续性利用，就要在协调各参与主体利益的基础上，减少牧户放牧投机行为，开展利益主体共同合作治理。根据 Ostrom 公共池塘资源自主治理制度安排的八项原则，结合青海省牧区实践，本文提出以下具体对策。

(1)明确草场产权主体。

由于历史遗留问题，青海牧区一些草地的归属和利用仍存有争议。草场产权纠纷不仅增加牧业生产的成本，带来过牧问题，还会影响当地的社会稳定。因此，有必要开展政府主导下的草场确权。在草场确权中，当地政府负责划定各行政村的草场，明确各行政村的草场边界。自主治理组织、村委会应共同确定村内草场产权主体，制定所有者(owners)和占用者(occupants)清单。这一措施确定了“谁”可以使用草场，并为后续约束措施打下基础。

(2)制订草场使用规则。

在现有的放牧生产中，草场的使用规则主要依据法律法规来制订，传统的游牧传承知识逐渐被忽视。因此，草场的使用规则应采取“在现有法律法规下，嵌套自主治理”规则。自主治理规则是自主治理组织制订村集体辖区内的草场使用规则，包括放牧生产规则和组织管理规则。在放牧生产规则中，自主治理组织要确定辖区内放牧牲畜数量、轮牧规则与时间规则等；在组织管理规则中，要确定过牧惩罚规则、纠纷处理规则、监督管理规则等。

(3)发挥监督职能。

目前草场的监督职能由当地草原站和草管员履行。草管员负责日常的草场过牧监督和巡查工作，草原站多通过巡查来发挥监督职能。现有的监督者并不完全是草场利用的受益者，因此需要在政府、草管员监督的基础上，赋予利益相关者监督职权。这里的利益相关者是指草场所有者，不仅包括自治组织，还包括村集体与未联户的牧户。多主体的监督职能包括两层含义：第一，所有主体都要履行监督草场生态变化和放牧行为的职责；第二，自主治理组织和其他主体要相互监督，防止权力寻租。

(4)构建冲突解决方式。

在原有的治理体系下，牧户希望政府、村委会解决纠纷，这对人员素质要求很高，且纠纷解决效率较低。Ostrom 认为，在公共池塘资源治理中，公民和政府可以通过公共论坛来解决冲突(Ostrom，2010)。因此可由政府搭建信息沟通平台，通过多主体对话，协商解决冲突。同时要加强自主治理组织化解纠纷的能力，通过构建互助互信的村集体关系，降低纠纷处理成本

(5)过牧分级处罚。

目前，过牧行为的处罚多采取以政府的行政与法律处罚为主、村集体处罚为辅的形式。但法律行政处罚执行成本高，且有“猫鼠共谋”风险；村集体的制裁处罚多具有“人治”特点，缺乏公平性和稳定性。自治组织成员具有地缘、血缘联系，由自治组织建立处罚规则，可降低处罚的执行成本，有助于建立“占有者”互助关系。因此，应建立以自主治理过牧惩罚规则为主，法律行政处罚为基准，村集体协商下的过牧分级处罚规则，由“规则”代替“权力”来开展处罚。

(6)建立分权治理体系。

牧户放牧行为是涉及草地监测、畜牧业生产、监管、产权分配的复杂

活动，需要多主体共管共治，以实现放牧约束机制的效果与效率。应根据分工原理，让各主体发挥各自作用，形成分权治理体系。在分权治理体系中，政府作为外部权威，负责制定政策、安排制度，引导牧户规范放牧。同时，政府应提供平台，保障多主体信息交流通畅。政府平台功能应包括就业信息沟通功能、纠纷沟通功能、仲裁功能、政策信息传递功能、牧业服务功能等。在分权治理体系中，村委会作为政府认可的自治组织，发挥着维护牧民合法权益的重要作用。村委会要进行牧户草场产权转移决策，引导协调牧户联户、加入合作社，与自主治理组织合作解决矛盾纠纷。在分权治理体系中，自主治理组织通过发挥制订规则、监督、调解纠纷、惩罚的作用，来达到制约牧户放牧行为的目的。另外，牧户也是分权治理体系的重要构成。牧户通过联户或加入合作社，使草场修复功能得以增强，实现畜牧业生产规模效益。

第五节　本章小结

本章首先分析了政府与牧户利益诉求的差异，从利益诉求角度分析了牧户过牧的原因。其次进行了政府牧户两方博弈分析，分析了政府行政手段对牧户放牧行为约束的作用。然后根据公共池塘资源与自主治理理论，提出了牧户放牧行为约束机制的制度安排——多主体共同合作治理。最后在以上分析的基础上，从运行原则、参与主体、约束方式和具体措施角度构建了牧户放牧行为约束机制。

第八章

研究结论、政策建议与研究展望

第一节　研究结论

草原生态保护与牧民增收间的矛盾是牧区经济发展中的突出问题。由草原生态补偿政策引发的牧户生产决策改变，实质是牧户在政策制约与生态约束下确保效益最大化的理性选择。本书基于外部性理论、公共物品理论、行为决策理论，在效益最大化假设下，研究草原生态补奖政策对牧户生产决策的影响。在以上分析的基础上，根据政府与牧户行为利益分析与博弈策略结论，提出相关政府建议。本书的主要结论如下。

一、青海省草原生态补奖政策实施现状与效果分析

本文在总结青海省草原利用保护历史和草原生态补奖政策发展历程的基础上，对青海省草原生态补奖政策的实施现状、实施效果与政策运行效率进行分析，阐释了在草原生态补奖政策实施过程中存在的问题，揭示了草原生态补奖政策造成畜牧业生产困境和劳动力转移再就业的原因。

由青海省草原保护历史可知，随着经济发展与时代进步，草原保护方式伴随着畜牧业生产方式发生了转变，草原保护行为由个人行为向国家行为转变，草原保护政策从宏观指导到微观实施呈现常态化、制度化特点。

草原生态补奖政策的落地产生以下效果：第一，政策生态效果分析表明，随着禁牧、草畜平衡措施的开展，青海省牧区草原生态逐步恢复，草原承载能力、防风固沙能力、生物多样性、草原稳定性都在不断提升。第二，政策经济效益分析表明，首先，青海省整体上实现了“减畜不减肉”的政策目标，草原生态补奖政策的实施并没有对牛肉、羊肉与奶类产量造成

影响。但政策实施后牲畜饲养结构发生变化，原因是在草地与饲料成本限制下，牧户选择了收益比较大的牲畜品种进行饲养。其次，与政策实施前比较，青海省及牧区各州畜牧业产值有显著增长，但畜牧业产值对 GDP 的贡献因为草原生态补奖政策的实施而下降。同时，草原生态补奖政策对牧区牧户收入影响显著，牧户家庭收入主要来源已发生变化，草原生态补奖政策起到了促进牧民增收的作用。第三，政策社会效益分析表明，草原生态补奖政策促进了草地畜牧业发展模式的转变，提高了牧区畜牧业组织化程度，拓宽了农牧民就业渠道。同时，牧民就业与生计观念发生转变。

草原生态补奖政策运行效率分析表明，青海省牧区草原生态补奖政策运行效率良好，政策运行效率增速为正。导致草原生态补奖政策运行效率低的主要原因是技术效率低。玉树州、果洛州草原生态补奖政策运行效率远低于其余各地区，但政策运行效率整体呈现上升趋势。以上地区使用财政资金时，可能存在补奖补贴发放交易成本过高，或运行资金投入规模与生态、社会和经济规模产出未达到最佳匹配的情况。

二、牧户对草原生态补奖政策的认知与评价

理论分析表明，牧户对草原生态补奖政策的认知会影响其对政策的评价，政策认知和政策评价又会对牧户后续生产决策产生影响。

牧户对政策内容认知较高，对超载过牧处罚、草畜平衡奖励了解程度低；牧户认为有关政策相关信息不透明，对政府执法人员的信任度较低；牧户感受到了草原生态补奖政策带来的生态效果改变和生计效果改善，且对政策生计效果的评价高于对政策生态的效果评价。

交叉分析结果说明，女性户主家庭对超载过牧处罚和草畜平衡奖励了解程度明显高于男性户主家庭。牧民年龄越大，对草原生态政策越不了解，36~50 岁户主对草原生态补奖政策种类了解程度最高。独户承包牧户对政策执行者不信任程度最高，草场属于集体承包类型的牧户对政策执行人员信任程度最高，对政策执行者最信任的是联户承包牧户。

政策内容认知、执行认知与政策评价正相关。提升牧户政策内容认知

与执行认知可提升牧户对草原生态补奖政策的评价。牧户对草原生态补奖政策种类了解越清晰，对超载过牧处罚和草畜平衡奖励措施了解程度越高，对补奖补贴发放程度及金额了解越深入，越倾向于遵守政策规则，对政策效果评价越高。牧户对政策执行者的信任程度越高、对政策执行程序的公平性和透明性的感知程度越高，对草原生态补奖政策的生态效果与生计效果评价越高。

政策内容认知对政策生计效果评价的影响程度大于其对政策生态效果评价的影响程度，政策执行认知对政策生态效果评价的影响程度大于其对政策生计效果评价的影响程度。牧户政策内容认知提升 1 个单位，牧户对政策生态效果评价将提升 0.175 个单位，牧户对政策生计效果评价将提升 0.211 个单位；牧户政策认知提升 1 个单位，牧户对草原生态补奖政策的生态效果评价将提升 0.283 个单位，牧户对该政策的生计效果评价将提升 0.180 个单位。

三、草原生态补奖政策对退牧决策的影响

草原生态补奖政策通过发放补奖补贴促进牧户开展草畜平衡生产，通过禁牧手段促进牧户退牧。补奖补贴金额越高，牧户实施草畜平衡行为的概率越大，即补奖补贴每增加 1 个单位，牧户实施草畜平衡的概率将提高 31.6%。禁牧草场面积占比越大，牧户退牧概率越大，即禁牧草场面积占比每增加 1 个单位，牧户退牧概率提高 50%。

牧户对草原生态补奖政策的认知与评价影响草畜平衡行为与退牧行为。牧户对政策内容、奖惩、补贴发放认知越清晰，对政策生计效果评价越高，牧户违规放牧可能性越小，退牧概率越大。牧户对政策生态效果评价越高，牧户退牧可能性越大。

随着畜牧业收入增加，牧户反而会出现违规放牧行为，牧业收入占比越高，牧草种植面积越大，牧户退牧概率越小。草场属于集体承包性质的牧户，采取草畜平衡生产的概率更大；三江源地区牧户实施草畜平衡概率高于环湖区牧户；家庭成员从业倾向影响退牧行为，家庭畜牧业从业人口

越多，牧户退牧概率越小；家庭外出打工成员越多，牧户退牧概率越大。另外，接受过培训的牧户退牧概率较大。

四、草原生态补奖政策对放牧替代决策的影响

草原生态补奖政策对牧户收入和畜牧业生产作用复杂。一方面，发放补贴，实施禁牧、草畜平衡手段直接影响牧户收入和牲畜饲养规模变动。另一方面，草原生态补奖政策促使放牧替代行为出现，而放牧替代行为又直接作用于收入和牲畜饲养规模变动。

草原生态补奖政策对牧户舍饲替代行为、种草替代行为与非农生计替代行为均产生影响：第一，草场承包面积小、补奖补贴少的牧户采用舍饲替代放牧的概率更大；牧户对草原生态补奖政策越了解，越不愿意采用舍饲替代放牧。第二，家庭成员学历越高、草场承包面积越大、草场禁牧面积占比越大、存栏规模越大、核定载畜量越大、没有虫草收入、未参加过培训的牧户实施种草替代的概率更大，牧户对草原生态补奖政策越了解，越不愿意实施种草替代。第三，居住在环湖区、有虫草收入的牧户倾向于选择非农生计替代，而牧户兼业程度越高，补奖补贴收入越低的牧户越倾向于选择非农生计替代。

PSM 模型表明：第一，舍饲替代行为对饲养规模变动影响显著，对牧户收入影响显著。通过实施舍饲替代行为，舍饲牧户存栏规模显著上升，收入均值是非舍饲牧户的 1.82 倍，说明草原生态补奖政策通过促使牧户实施放牧替代行为，实现了鼓励牧户转变畜牧业饲养方式与“减畜不减肉”的政策目标。第二，种草替代行为对饲养规模变动有显著影响，有种草行为的牧户比无种草行为的牧户的饲养规模更大；但种草替代行为对牧户增收无显著作用。第三，非农生计替代行为对饲养规模变动无显著影响，对收入提高有显著影响。这说明，是否采取非农生计替代对牧户减畜没有显著影响，但对牧户增收有重要影响。

五、草原生态补奖政策下牧户放牧行为约束机制设计

政府利益诉求是“集体理性”下的集体需求，与草原生态补奖政策目标

一致，即保护草原生态环境，促进畜牧业转型发展，促进牧民增收。牧户利益诉求是“个体理性”下的个体需求，包括增收与增收有保障。两者存在利益诉求差异为：政府未考虑牧户的增收保障，而牧户要求增收有保障。因此，协调两者利益诉求的关键在于提升牧户增收保障感知，以政府为主导创建牧户增收保障机制。

两方博弈结果说明，牧户违规放牧的概率与草原监管罚款成反比，草原监管部门巡查草场概率与草原监管罚款成反比，提高罚款金额可以减小牧户违规放牧概率，且草原监管部门巡查草场力度降低。同时，草原生态补奖绩效奖励的发放，可进一步减小牧户违规放牧概率，减轻草原监管部门巡查草场工作量，且绩效奖励金额越高，违规放牧概率与草场巡查概率越小，越说明草原生态保护补奖绩效奖励制度发挥了作用。

构建放牧约束机制的目的在于减少草地过牧行为，解决政府与牧户利益诉求差异。约束牧户放牧行为可采取多主体参与、合作共治的制度安排。

第二节 政策建议

一、建立草原生态保护长效机制

(1)支持自治组织创建，实行多元主体合作共治。

草原生态保护是关乎牧区经济发展、社会稳定及生态安全的大事。目前，我国草原治理主要以政府为主导，政策的颁布执行采取“自上而下”的方式，草原保护政策与项目实施采取逐级分解、分级执行模式。但牧区草原面积大，牧区基层政府现有的人员配备与财政能力不足以保障完全履行草原治理职责。自治组织作为区域内牧民自发形成的草原治理组织，具有地方知识和乡土情结，不仅是草原利用的利益相关者，也有意愿参与草原治理。但自治组织的创建与发展离不开政府支持。政府应充分发挥引导作用，鼓励自治组织成立，加大对自治组织的支持力度。通过实行政府主导、市场运作和多主体参与的草原治理模式，促使草原生态保护长效机制的形成。

(2)完善公众监督机制与信息沟通反馈机制。

有观点认为，监管不力造成政策实施的不公平性(张倩，2016)。前文研究也显示，牧户对政策执行的公平性与透明性的感知影响政策顺利执行。因此完善公众监督机制，建立公众监督、参与渠道，增强政策执行的透明度与公平性，可促进草原生态保护长效机制的形成。具体措施包括：第一，建立信息沟通平台，实现多主体信息交流沟通，解决草原保护、过牧处罚、政策执行与解决纠纷中信息单向流动、信息不对称问题。第二，加强对草原执法人员业务素质、职业道德培训，完善草管员聘用考核制度。调研结果显示，草管员多来自当地贫困户或关系户，草管员开展草原巡查存在“碍于人情”“监管不严”的情况。提高草原执法人员素质，规范草管员选聘流程，可增强过牧监督的及时性与透明度，提高草原监管力度。第三，设置公众监督信息平台，提升草原保护政策执行透明度与公平性。通过设置监督信息平台、举报电话、沟通信箱等，完善现有草原生态补奖政策信息沟通反馈机制，实现牧户对畜牧业生产、草原保护状况与政务的监督，从而提高草原保护政策运行效率。

(3)建立草原生态保护多元化补偿制度。

草原生态补奖政策的补偿方式在各政策执行期有所不同。在第一轮政策实施周期，补偿形式是发放禁牧补助、平衡奖励、牧草补贴、畜牧良种补贴和牧民综合生产补贴；在第二轮政策实施周期，补偿形式是发放禁牧补助与平衡奖励，且在两轮政策实施周期内都通过绩效奖励和违规罚款来激励牧户。除生态保护目标外，草原生态补奖政策目标还包括促使畜牧业改变原有发展模式，形成环境保护和经济增长双赢的局面。因此，建议制定草原生态补奖政策的多元化补偿制度。多元化补偿制度是指补偿方式多元化，包括直接补偿和间接补偿两种模式。直接补偿指现金补贴和实物补偿，包括现有禁牧补助、平衡奖励，优良草种补助，舍饲棚圈用材料补助等。间接补偿指除实物金钱外，可支持牧民可持续发展的优惠政策、就业指导、技术培训、退税、信用担保、优惠贷款和生态项目支持等。其次，多元化补偿还指牧户可根据自身需要，自由选择补偿形式。如对于草原生态补奖补贴，牧户可自主选择现金发放方式或折价入股合作社模式等。通过建立草原保护多元化补偿制度，可更好地激励牧户减少放牧违规行为，促使草原生态保护长效机制形成。

(4)重视牧户生态意识教育。

研究表明，加大草原生态重要性宣传，可提高牧户对草原生态保护的重视。因此，形成良好的草原保护意识是形成草原生态保护长效机制的基础。可通过生态意识教育增强牧户草原保护意识。具体来看，生态意识教育应包括草原重要性教育、草原生态补偿政策学习、违规放牧惩罚与绩效奖励教育、草原保护方法学习等。因此，地方政府应加大政策宣传力度，应用多种媒体技术，采用多种形式，深入城镇、草原、学校，开展牧户生态意识教育，提高公众对草原生态保护必要性的认识，强调违法放牧的危害与处罚，普及草畜平衡奖励及补奖补贴领取知识。通过宣传，提升牧户绿色发展意识，从而达到政策的实施目的。

二、推进畜牧业发展新模式

(1)探索牧区股份制合作社发展新模式。

不同于城市居民，牧区牧户的生计来源主要是畜牧业收入。由于传统畜牧业多为一家一户分散模式，使得草地畜牧业生产成本较高，集约化、规模化程度低。2008 年天峻县梅陇村、2011 年拉格日村率先探索了股份制合作社模式，为畜牧业生产发展提供了新思路。股份制合作社模式是指牧户通过将自家草场经营权折价入股、牲畜入股、劳动力折价入股及现金入股方式，参与牧区合作社经营，共享合作社收益风险的一种合作生产模式。通过这种模式可以让牧户享受到集体经济收益，提高牧户增收保障感，同时可以化解草场产权分配中产生的无法轮牧问题。股份制合作社模式运行的核心在于入社社员对股份制形式的任意选择，如无草场牧户可选择牲畜折价入社或资金按股入社，甚至可将优惠贷款、国家补贴按股入社。通过合作社统一发放劳务费用，统一饲养、销售畜牧，统一划分草场轮牧，可实现生态效益、经济效益与社会效益的统一。股份制合作社模式的另一个突出特点是对牧区年老牧民有收入保障作用。由于草地畜牧业劳动密集型特点，老年牧户无法胜任畜牧业劳动。通过运行股份制合作社模式，老年牧户可将草场、牲畜、资金等入股，获取合作社利润分红，享受到集体财产权与私有财产结合的收益，实现“老有所依”。

(2)稳步推进草场使用权流转。

调研中发现，草原生态补奖政策实施后，牧户对草场承包经营权更加看重，小牧户不愿意转出草场，大牧户急于转入草场，这使得草地畜牧业规模经营中的草场成本增加。另外，现有牧区草场流转多属于亲戚、朋友、邻居间的自发流转，虽然各基层乡镇建有草场流转服务中心，但中介作用与服务作用没有完全发挥，究其原因，由于草场定级与使用权估价体系尚未建立，草场流转只能限于“有信用”的交易对象。因此，建立草场定级与使用权估价体系，可以使得草场流转更加正规化，且在市场机制作用下，交易成本得以下降。草场估价复杂，不仅涉及草场沙化程度、牧草品种，还需要考虑草场饲养经营方式及生态价值，这就要求政府部门牵头制定相应标准，主导实施草场规范流转。通过建立草场定级与使用权估价体系，为牧户带来符合市场价值的资产收益，从而实现牧户家庭收入的保障。

(3)大力推动牧草产业发展。

青海省牧区以高山高寒草地为主，牧草兼具生态与饲用功能。由于草原生态补奖政策的实施，牧区舍饲、半舍饲生产相应增加，牲畜饲料需求显著增加。针对这一现状，大力发展牧草产业，不仅可促进畜牧业可持续发展、保护草原生态，也可解决区域内畜牧业饲料供给成本过高的问题。目前，牧区高寒草场饲草品种以毛稃羊茅和寒生羊茅为主，这是牲畜喜食的优质饲草，也可用于草地改良和人工草地种植。牧草产业的发展，可促进牧业剩余劳动力就业、提高牧户收入，从而实现生态、经济、社会效益的统一协调发展。

三、加强牧民就业服务支持体系建设

在草原生态补奖政策初期，大多数牧户不愿脱离畜牧业，除了早期“内卷化”因素外，更多原因来自对未来生活不确定性的担忧。加大牧民就业服务支持力度，引导牧业剩余劳动力流转，不仅可以保障民生、提高牧民增收保障感，还可减轻草场放牧承载压力。因此，有必要加强牧民就业服务支持体系建设。

(1)调整牧区产业结构，促进非牧劳动力向第三产业转移。

青海省牧区产业结构单一，第一、第二产业容纳劳动力能力有限，草原生态补奖政策的实施，产生了一部分牧业剩余劳动力，因此，应加快牧区产业调整结构，培育第三产业，促进牧业剩余劳动力向第三产业转移。具体来看，牧区第三产业发展首先应践行“绿色发展观”，通过建立绿色产业，推动区域产业结构变化，实现经济与生态保护的和谐发展；其次，应根据青海牧区实际与特殊地理优势，建立如“绿色肉类加工厂”“绿色乳业企业”“绿色藏药企业”等“绿色”企业，通过高原农产品差异化经营，带动剩余牧业劳动力就业。此外，应加大草原生态文化旅游产业开发，如举办赛马大会、草原风光旅游、发展民族手工业等。利用旅游业产业链条长的特点，带动相关服务行业发展，创造就业岗位，进而提升牧户就业保障。

(2)开展牧户职业技能培训、语言培训。

语言障碍、生产技术落后、非牧从业技能缺乏是牧区劳动力存在的主要问题。应针对牧区适龄劳动力特点，开展全覆盖式免费职业技能培训与语言培训。通过职业技能培训、语言培训，帮助牧区牧民掌握劳动技能，提高其创业就业能力，实现劳动就业保障。

(3)搭建牧区劳动力就业服务平台。

劳务收入是草原生态补奖政策实施后牧户重要的收入来源。目前，青海省牧区劳动力输出的主要形式是自发型劳务输出。服务机构和劳务中介组织的劳务输出只占辅助地位。存在这种现象的主要原因是牧区现有劳动力中介组织发育不完善，劳动力就业服务缺位。因此，建议建立牧区劳动力就业服务平台，搭建集县级人力资源市场、乡镇级劳动保障工作站、村级劳动就业工作点于一体的劳动力就业服务体系，为牧民就业和维权搭建平台，提升牧户就业保障。

四、完善牧区社会保障体系

政府与牧户利益诉求分析表明，实现两方利益协调是草原生态补奖政策顺利实施的基础，也是草原生态保护长效机制形成的前提。牧户从草原获得了畜产品自给保障、情感保障、收入保障，但草原生态补奖政策的实施削弱了牧户的这些保障。因此，完善牧区社会保障体系，为牧户提供稳定的生活保障，不仅从根源上切断牧户过牧行为的动机，也间接巩固了草原生态补奖政策的生态保护效果。

目前，青海省牧区牧户享受的社会保障包括新农保医疗保险、城乡医疗救助、最低生活保障、精准扶贫补贴、新型农村牧区社会养老保险，现有纳入城乡统筹的制度是城乡基本养老保险制度。由于现有医疗保险、社会保险基金是由个人缴费、集体补助、政府补贴构成，牧区较少有村集体对牧户社会保险基金进行补助，导致大部分牧户社保远低于城市居民。同时，由于牧区牧户居住分散，有些牧户距村卫生室较远，导致基层医疗保障服务体系无法全覆盖。加之牧区牧户普通话水平较低，信息闭塞，一些不懂汉语的牧民在缴纳社保金、养老金，申请大病救助方面存在困难。因此，政府应在草原生态补偿资金中设置专项资金，设立牧户养老保险的村集体补助缴费款项，一方面可激励牧户减少违规放牧行为，另一方面也可减轻牧户养老忧虑。同时，应加强牧户社会保障知识培训，增强牧区社保知识宣传，调高牧户社会保障参与意识，以减轻牧户在草原生态补偿后的保障缺失感。

针对退牧牧户，完善其城镇融入保障，建立健全现有牧区社会保障体系，完善其医疗、养老、子女教育保障。通过生态补偿政策补贴、牧户缴费与引入市场机制，实现牧户社会保障体系的完善，提升牧户社会保障获得感，改善草原生态补偿后牧户对各保障的后顾之忧。

第三节 研究展望

草原生态补奖政策是目前实施范围最大、影响最为深远的草原生态保护与补偿政策。本书从牧户草地畜牧业生产的微观视角，观察草原生态补奖政策对牧户生产决策行为的一系列影响。从表面上看，草原生态补奖政策对牧户生产决策行为的变化产生了影响。但在生产决策改变的背后，折射出草原生态治理活动对牧区社会结构与经济发展的深层次影响。首先，由于草原生态补奖政策的实施，引起了牧户生产行为的变化，继而引发了生计策略变化，而牧户生计策略变化又引发了牧区家庭结构、分工结构、收入结构、消费结构的变化。其次，在草原禁牧和限牧措施影响下，牧区城乡结构悄然改变。在这些变化下，政府实施草原治理，从被动管理向主动管理转化，牧户对草原的态度从资源掠夺者变为补偿保护者。

因此，为了更好地观察草原生态补奖政策对牧区的影响，进一步开展草原生态治理对牧户生计影响的研究。十九大报告指出，加大力度支持民族地区、边疆地区加快发展，必须树立和践行“绿水青山就是金山银山”的理念。面对草原退化，在大力进行草原生态治理下，对牧区牧户生计问题的研究尤为重要。本书从青海牧区少数民族牧户的生计状况调查入手，研究草原治理对生计的影响，为我国草原生态治理的进一步完善提供了参考。

参考文献

白爽，何晨曦，赵霞 . 2015，草原生态补奖政策实施效果——基于生产性补贴政策的实证分析[J]. 草业科学 . 32(02)：287-293.

包扫都必力格 . 2015. 牧户对草原生态补奖机制满意度的分析 . 内蒙古科技与经济 . (06)：10-11.

曹叶军，李笑春，刘天明 . 草原生态补偿存在的问题及其原因分析——以锡林郭勒盟为例[J]. 中国草地学报 . 32(04)：10-16.

曾贤刚，段存儒，虞慧怡 . 2019. 社会资本对生态补偿绩效的影响机制研究——以锡林郭勒盟草原生态补偿为例[J]. 中国环境科学，39(02)：879-888.

曾贤刚，易龙生，吴卉婷 . 2008. 地方政府环境与经济综合决策的保障制度[J]. 中国环保产业，(4)：17-20.

柴智慧，赵元凤 . 2013. 农户对农业保险保费补贴政策的认知度与满意度研究——基于内蒙古自治区 500 多位农户的问卷调查[J]. 农村经济，(04)：66-69.

常丽霞，吕志祥，陈海啸 . 2011. 生态效益补偿的法理辨析——基于生态综合管理的研究进路[J]. 农村经济，(9)：96-100.

陈冲 . 2013. 辽宁落实国家草原生态保护补奖机制政策的几点建议[J]. 现代畜牧兽医，(02)：23-24.

陈海燕，肖海峰 . 2013. 牧户对草原生态保护政策的评价与期望——基于可持续发展背景下的考察[J]. 现代经济探讨，(08)：42-46.

陈秋红 . 2010. 草原生态敏感地区牧户畜牧业生产经营行为及影响因素分析[J]. 农业技术经济，(11)：65-75.

陈永泉，刘永利，阿穆拉 . 2013. 内蒙古草原生态保护补助奖励机制典型牧户调查报告[J]. 内蒙古草业，25(01)：15-18.

陈佐忠，汪诗平 . 2006. 关于建立草原生态补偿机制的探讨[J]. 草地学报，(01)：1-3，8.

成立，西财 . 2018. 公共政策分析[M]. 成都：西南财经大学出版社：13.

程琳琳，胡振琪，宋蕾 . 2007. 我国矿产资源开发的生态补偿机制与政策[J]. 中国矿业，16(4)：11-13.

程秀丽 . 2010. 草原生态建设补偿机制研究：问题、成因、对策[J]. 内蒙古大学学报：哲学社会科学版，02：15-20

戴微著，谭淑豪 . 2018. 草原生态奖补政策效果评价——基于内蒙古典型牧区调研的制度分析[J]. 生态经济，34(03)：196-201.

丁彩霄 . 2002. 生态环境补偿机制的探索[J]. 中国环境监测，18(5)：8-9.

丁煌，定明捷 . 2010. 国外政策执行理论前沿评述[J]. 公共行政评论，3(01)：119-148+205-206.

丁文强，杨正荣，马驰，等 . 2019. 草原生态保护补助奖励政策牧民满意度及影响因素研究[J]. 草业学报，28(04)：12-22.

额尔敦乌日图，花蕊 . 2013. 草原生态保护补奖机制实施中存在的问题及对策[J]. 内蒙古师范大学学报：哲学社会科学版，42(06)：147-152.

冯秀，李元恒，李平，等 . 2019. 草原生态补奖政策下牧户草畜平衡调控行为研究[J]. 中国草地学报，41(06)：132-142.

高雷，彭新宇 . 2012. 草原生态补偿与可持续发展研究——以呼伦贝尔草原的实践为例[J]. 生态经济，(06)：168-172，181.

高新才，姜安印，李景铭 . 2004. “过牧”的制度解释及治理的制度设计——对玛曲县人草畜紧张关系的制度经济学思考[J]. 兰州大学学报，(04)：115-120.

郜晋亮 . 生态畜牧是青海牧业转型升级的新引擎[J]. 2014. 中国畜牧兽医报，(04)：001.

郭正林 . 1998. 藏区群众对政策的认知与评价[J]. 中国社会科学，

(03)：140-156.

葛颜祥，梁丽娟，接玉梅 . 2006. 水源地生态补偿机制的构建与运作研究[J]. 农业经济问题，(9)：22-27.

巩芳，常青，盖志毅，等 . 2009. 基于生态资本化理论的草原生态环境补偿机制研究[J]. 干旱区资源与环境，23(12)：167-171.

巩芳，常青，郝晓燕，等 . 2009. 草原生态的空间网络化补偿模式研究[J]. 青海社会科学，(04)：5-8.

巩芳，长青，王芳，等 . 2011. 内蒙古草原生态补偿标准的实证研究[J]. 干旱区资源与环境，25(12)：151-155.

巩芳 . 2015. 草原生态四元补偿主体模型的构建与演进研究[J]. 干旱区资源与环境，29(02)：21-26.

顾自福 . 2016. 对草原生态补奖政策落实情况的调研[J]. 中国畜牧业，(01)：65-67.

韩鹏，黄河清，甄霖，等 . 2010. 内蒙古农牧交错带两种生态补偿模式效应对比分析[J]. 资源科学，32(05)：838-848.

洪自同，郑金贵 . 2012. 农业机械购置补贴政策对农户粮食生产行为的影响——基于福建的实证分析[J]. 农业技术经济，(11)：41-48.

侯向阳，杨理，韩颖 . 2008. 实施草原生态补偿的意义、趋势和建议[J]. 中国草地学报，(05)：1-6.

侯向阳，尹燕亭，王婷婷 . 2015. 北方草原牧户心理载畜率与草畜平衡生态管理途径[J]. 生态学报，35(24)：8036-8045.

胡振通，柳荻，靳乐山 . 2016. 草原生态补偿：生态绩效、收入影响和政策满意度[J]. 中国人口·资源与环境，26(01)：165-176.

胡振通，柳荻，靳乐山 . 2017. 草原超载过牧的牧户异质性研究[J]. 中国农业大学学报，22(06)：158-167.

胡振通，孔德帅，魏同洋，等 . 2015. 草原生态补偿：减畜和补偿的对等关系[J]. 自然资源学报，30(11)：1846-1859.

花蕊 . 2013 草原生态保护补奖机制对牧民的影响分析[J]. 内蒙古科技与经济，(24)：3-4，7.

黄爱纤，张新跃，唐川江，等 . 2015. 川西北牧区水热条件与牧草产量的相关性[J]. 草业科学，32(5)：754.

黄富祥，高琼 . 2001. 毛乌素沙地不同防风材料降低风速效应的比较[J]. 水土保持学报，(01)：27-30，38.

黄宗智 . 1986. 略论华北近数百年的小农经济与社会变迁——兼及社会经济史研究方法[J]. 中国社会经济史研究，(02)：9-15，8.

江激宇，柯木飞，张士云，等 . 2012. 农户蔬菜质量安全控制意愿的影响因素分析——基于河北省藁城市 151 份农户的调查[J]. 农业技术经济，(05)：35-42.

姜冬梅，萨茹拉，王璐 . 2014. 牧民参与草原生态保护补助奖励机制的意愿研究[J]. 内蒙古农业大学学报：社会科学版，16(03)：13-17.

金碚 . 2017. 基于价值论与供求论范式的供给侧结构性改革研析[J]. 中国工业经济(04)：7-18.

金花 . 2015 草原生态保护补奖对牧民的影响及措施[J]. 中国畜禽种业，11(02)：48.

李芬，张林波，朱夫静 . 2015. 三江源区生态移民返牧风险的思考[J]. 农村经济与科技，26(01)：19-22.

李建华 . 2009. 公共政策程序正义及其价值[J]. 中国社会科学，(01)：64-69，205.

李金亚，薛建良，尚旭东，等 . 2014. 草畜平衡补偿政策的受偿主体差异性探析——不同规模牧户草畜平衡差异的理论分析和实证检验[J]. 中国人口·资源与环境，24(11)：89-95.

李文华，李芬，李世东，等 . 森林生态效益补偿的研究现状与展望[J]. 自然资源学报，2006，21(5)：677-688.

李晓蕙，滕有正 . 2010. 草原生态重建的国家补偿[J]. 内蒙古大学学报：哲学社会科学版，42(02)：21-26.

李笑春，曹叶军，刘天明 . 2011. 草原生态补偿机制核心问题探析——以内蒙古锡林郭勒盟草原生态补偿为例[J]. 中国草地学报，33(06)：1-7.

李西良，侯向阳，丁勇，等．2013. 气候变化对家庭牧场复合系统的影响及其牧民适应[J]. 草业学报，22(1)：148-156.

李玉新，魏同洋，靳乐山．2014. 牧民对草原生态补偿政策评价及其影响因素研究——以内蒙古四子王旗为例[J]. 资源科学，36(11)：2442-2450.

李艳波，李文军．2012. 草畜平衡制度为何难以实现"草畜平衡"[J]. 中国农业大学学报：社会科学版，29(01)：124-131.

林毅夫．1988. 小农与经济理性[J]. 农村经济与社会，(03)：31-33.

刘爱军．2014. 内蒙古草原生态保护补助奖励效应及其问题解析[J]. 草原与草业，26(02)：4-8.

刘兴元，尚占环，龙瑞军．2010. 草地生态补偿机制与补偿方案探讨[J]. 草地学报，18(01)：126-131.

刘华民，王立新，杨劼，等．2013. 农牧民气候变化适应意愿及影响因素——以鄂尔多斯市乌审旗为例[J]. 干旱区研究，30(1)：89-95.

刘秀梅，亢霞．2004. 农户家庭劳动时间配置行为分析[J]. 中国农村观察，(02)：46-52，81.

刘祥琪，陈钊，赵阳．2012. 程序公正先于货币补偿：农民征地满意度的决定[J]. 管理世界，(02)：44-51，187-188.

刘宇晨，张心灵．2019. 草原生态补奖政策对牧户收入影响的实证分析[J]. 干旱区资源与环境，33(02)：60-67.

路冠军，刘永功．2015. 草原生态奖补政策实施效应——基于政治社会学视角的实证分析[J]. 干旱区资源与环境，29(07)：29-32.

马戎．2002. 西部开发、劳动力流动与少数民族教育[J]. 西北民族研究，(01)：55-67+207.

马歇尔．经济学原理．上卷[M]. 2011. 北京：商务印书馆．

马占新，马生昀，包斯琴高娃．2013. 数据包络分析及其应用案例．北京：科学出版社：33.

毛显强，钟瑜，张胜．2002. 生态补偿的理论探讨[J]. 中国人口·资源与环境，12(4)：38-41.

孟慧君，程秀丽 . 2010. 草原生态建设补偿机制研究：问题、成因、对策[J]. 内蒙古大学学报：哲学社会科学版，42(02)：15-20.

宁宝英，何元庆 . 2006. 农户过度放牧行为产生原因分析——来自黑河流域肃南县的农户调查[J]. 经济地理，(01)：128-132.

娜日苏 . 2013. 牧民视角下的草原生态奖补政策实施的效果影响分析[D]. 呼和浩特：内蒙古大学 .

潘佳 . 2014. 甘肃省天祝县草原生态补偿的政策经验、问题及对策——以草原补奖政策为例[J]. 东北农业大学学报：社会科学版，12(05)：42-48.

祁晓慧，高博，王海春，等 . 2016. 牧民视角下的草原生态保护补助奖励政策草畜平衡及禁牧补奖标准研究——以锡林郭勒盟为例[J]. 干旱区资源与环境，30(05)：30-35.

青海省人大常委会办公厅 . 2007. 青海省实施《中华人民共和国草原法》办法[J]. 青海草业(1)，51-56.

邱皓政，林碧芳 . 2009. 结构方程模型的原理与应用[M]. 中国轻工业出版社 .

裘丽，唐吉斯 . 2019. 基于"管制平衡"的草原生态补偿政策参与式干预发展评价研究[J]. 生态学报，39(01)：73-84.

任继周 . 2006. 草原生态建设中投资、建设与受益原则的思辨[J]. 草业科学，(04)：76-77.

萨缪尔森，诺德豪斯 . 1999. 经济学[M]. 北京：华夏出版社：263.

沈满洪，何灵巧 . 2002. 外部性的分类及外部性理论的演化[J]. 浙江大学学报：人文社会科学版，32(01)：152-160.

宋圭武 . 2002. 农户行为研究若干问题述评[J]. 农业技术经济，(04)：59-64.

苏珊，周丁扬，李晓，等 . 2018. 基于 PRA 方法的农户对干旱区草原生态保护政策的认知分析[J]. 干旱区地理，41(01)：152-159.

速水佑次郎，神门善久 . 2003. 农业经济论[M]. 新版沈金虎，周应恒，曾寅初，等；译 . 北京：中国农业出版社：165.

孙前路，乔娟，李秉龙 . 2018. 干部工作效率与程序公平对牧民草原奖补政策满意度的影响——以西藏肉羊养殖户为例[J]. 农业现代化研究，39(02)：284-292.

孙长宏 . 2013. 青海省实施草原生态保护补助奖励机制中存在的问题及探讨[J]. 黑龙江畜牧兽医，(04)：32-33.

田艳丽 . 2010. 建立草原生态补偿机制的探讨——以内蒙古锡林郭勒盟为例[J]. 农业现代化研究，31(02)：171-174.

王丹，黄季焜 . 2018. 草原生态保护补助奖励政策对牧户非农就业生计的影响[J]. 资源科学，40(07)：1344-1353.

王丹，王征兵，赵晓锋 . 草原生态补奖政策对牧户生产决策行为的影响研究——以青海省为例[J]. 干旱区资源与环境，2018，32(03)：70-76.

王建兵，张德罡，田青 . 2013. 甘肃中西部干旱半干旱地区牧民对草原政策认知分析[J]. 草地学报，21(01)：11-17.

王海，侯向阳，秦艳，等 . 2011. 阿拉善荒漠区牧民对气候变化的感知及应对措施初探——以阿拉善左旗和阿拉善右旗为例[J]. 草业科学，28(09)：1718-1723.

王欧 . 2006. 退牧还草地区生态补偿机制研究[J]. 中国人口 · 资源与环境，(04)：33-38.

王曙光，王丹莉 . 2015. 减贫与生态保护：双重目标兼容及其长效机制——基于藏北草原生态补偿的实地考察[J]. 农村经济，(05)：3-8.

王树力，刘玉山 . 2005. 赤峰市流动沙地植物沙障治理模式的研究[J]. 水土保持学报，(04)：144-147.

王晓毅，张倩，荀丽丽，等 . 2016. 贫困影响评价与资源利用——以草原奖补政策和土地流转为例[J]. 中国农业大学学报：社会科学版，33(05)：119-128.

王晓毅 . 2016. 市场化、干旱与草原保护政策对牧民生计的影响——2000~2010 年内蒙古牧区的经验分析[J]. 中国农村观察，(01)：86-93.

王娅，张文波，窦学诚 . 2014. 西北高寒牧区村域经济对退牧还草工程的响应机制研究——基于甘肃省肃南县 12 个行政村的调查分析[J]. 干旱区资源与环境，28(03)：129-134.

王羊，刘金龙，冯喆，等.2012. 公共池塘资源可持续管理的理论框架[J]. 自然资源学报，27(10)：1797-1807.

王云霞，曹建民.2007. 内蒙古草原过度放牧的解决途径[J]. 生态经济，(07)：58-60，64.

韦惠兰，宗鑫.2014. 草原生态补偿政策下政府与牧民之间的激励不相容问题——以甘肃玛曲县为例[J]. 农村经济，(11)：102-106.

韦惠兰，宗鑫.2016. 禁牧草地补偿标准问题研究——基于最小数据方法在玛曲县的运用[J]. 自然资源学报，31(01)：28-38.

韦惠兰，祁应军.2017. 不同规模草地超载主体的差异性——以甘肃省玛曲县为例[J]. 草业科学，34(04)：892-901.

魏茂青，郑传芳.2013. 农户对农资综合补贴政策的认知及其影响因素分析——基于福建南平的调研[J]. 福建论坛：人文社会科学版，(05)：145-151.

魏琦，侯向阳. 建立中国草原生态补偿长效机制的思考[J]. 2015. 中国农业科学，48(18)：3719-3726.

文明，图雅，额尔敦乌日图，等.2013. 内蒙古部分地区草原生态保护补助奖励机制实施情况的调查研究[J]. 内蒙古农业大学学报：社会科学版，15(01)：16-19.

吴比，ZimingLi，杨汝岱，等.2016. 农村政策执行协商会影响农民的政策满意度吗？[J]. 中国农村经济，(04)：55-69.

吴明隆.2009. 结构方程模型：AMOS 的操作与应用[M]. 重庆大学出版社：37.

谢先雄，李晓平，赵敏娟，等.2018. 资本禀赋如何影响牧民减畜——基于内蒙古 372 户牧民的实证考察[J]. 资源科学，40(09)：1730-1741.

徐勇，邓大才.2006. 社会化小农：解释当今农户的一种视角[J]. 学术月刊，(07)：5-13.

许恒周，郭玉燕，吴冠岑.2012. 农民分化对耕地利用效率的影响——

基于农户调查数据的实证分析[J]. 中国农村经济，(06)：31-39，47.

颜鹏飞，王兵 . 2004. 技术效率、技术进步与生产率增长：基于 DEA 的实证分析[J]. 经济研究，(12)：55-65.

杨春，孟志兴，杨旭东 . 2016. 草原生态补奖政策下牧区半牧区的牧业生产及牧民收入分析[J]. 中国农学通报，32(08)：8-12.

杨春，王明利 . 2014. 草原生态补奖政策评价指标体系设计[J]. 中国农学通报，30(05)：185-188.

杨春，朱增勇，韩振 . 2018. 草原生态补奖政策下牧户牧业生产决策行为影响分析——以山西和新疆为例[J]. 干旱区资源与环境，32(05)：27-32.

杨理，侯向阳 . 2005. 对草畜平衡管理模式的反思[J]. 中国农村经济，(09)：62-66.

杨轩，苏爽，刘岳明，等 . 2013. 草原生态补奖机制实施过程中存在的问题及对策研究[J]. 当代畜禽养殖业，(12)：39-42.

冶兆平 . 2014. 浅谈民和县草原生态保护补奖机制工作完成情况[J]. 山东畜牧兽医，35(03)：53-54.

叶晗，朱立志 . 2014. 内蒙古牧区草地生态补偿实践评析[J]. 草业科学，31(08)：1587-1596.

易丹辉 . 2008. 结构方程模型方法与应用[M]. 中国人民大学出版社：179-180.

尹晓青 . 2018. “粮改饲”的山西朔州探索[J]. 社会科学家，(02)：40-45.

俞海，任勇 . 2008. 中国生态补偿：概念、问题类型与政策路径选择[J]. 中国软科学，(6)：7-15.

张国成 . 2014. 海东市草原补奖政策落实及畜牧业发展情况的调查[J]. 青海畜牧兽医杂志，44(04)：36-37.

张国庆 . 1997. 现代公共政策导论[M]. 北京：北京大学出版社：26-29.

张会萍，王冬雪，杨云帆 . 2018. 退牧还草生态补奖与农户种养殖替代行为[J]. 农业经济问题，(07)：118-128.

张会萍，肖人瑞，罗媛月 . 2018. 草原生态补奖对农户收入的影响——对新一轮草原生态补奖的政策效果评估[J]. 财政研究，(12)：72-83.

张鹏，尹忠东，尚河英 . 2016. 卡拉贝利工程区植物的防风蚀效果[J]. 水土保持通报，36(1)：224-229.

张倩 . 2016. 草原生态补助奖励机制的经济激励效果分析[J]. 甘肃社会科学，(05)：234-238.

张强强，景亚平，杨雪 . 2013. 新疆兵团农九师实施草原生态补奖政策效益初探[J]. 中国畜牧业，(04)：71-73.

张淑杰，孙天华 . 2012. 农业补贴政策运行效率及其影响因素研究——基于河南省 360 户农户调研数据的实证分析[J]. 农业技术经济，(12)：68-74.

张志民，延军平，张小民 . 2007. 建立中国草原生态补偿机制的依据、原则及配套政策研究[J]. 干旱区资源与环境，21(8)：142-146.

郑风田 . 2000. 制度变迁与中国农民经济行为[M]. 北京：中国农业科技出版社 .

中国生态补偿机制与政策研究课题组 . 2007. 中国生态补偿机制与政策研究[M]. 北京：科学出版社 .

中华人民共和国农业部畜牧兽医司，中国农业科学院草原研究所，中国科学院自然资源综合考察委员会 . 1994. 中国草地资源数据[M]. 北京：中国农业科技出版社

周国梅，傅小兰 . 2001. 决策的期望效用理论的发展[J]. 心理科学，24(2)：219-220.

周升强，赵凯 . 2019. 草原生态补奖认知、收入影响与农牧户政策满意度——基于禁牧区与草畜平衡区的实证对比[J]. 干旱区资源与环境，33(05)：36-41.

周升强，赵凯 . 2019. 草原生态补奖政策对农牧户减畜行为的影响——基于非农牧就业调解效应的分析[J]. 农业经济问题，(11)：108-121.

朱红根，陈昭玖，翁贞林，等 . 2008. 稻作经营大户对专业合作社需求的影响因素分析——基于江西省 385 个农户调查数据 . 农业经济问题，

(12)：71-78，112.

卞耀武. 2004. 中华人民共和国草原法释义.

邹军，张明礼，杨浩. 2012. 退耕还林(草)与水土保持若干问题的研究进展[J]. 土壤通报，43(02)：506-512.

周广胜. 2015. 气候变化对中国农业生产影响研究展望[J]. 气象与环境科学，38(01)：80-94.

ALDANONDO OCHOA A M，CASANOVAS OLIVA V，Almansa Sáez C. 2007. Explaining farm succession：the impact of farm location and off-farm employment opportunities[J]. Spanish Journal of Agricultural Research，5 (2)：214-225.

AHEARN M C，YEE J，KORB P. 2005. Effects of Differing Farm Policies on Farm Structure andDynamics[J]. American Journal of Agricultural Economics，87(5)：1182-1189.

ANGASSA A，OBA G. 2008. Herder perceptions on impacts of range enclosures，crop farming，fire ban and bush encroachment on the rangelands of Borana，Southern Ethiopia[J]. Human ecology，36(2)：201-215.

AGRAWAL A. 2003. Sustainable governance of common-pool resources：context，methods，and politics[J]. Annual review of anthropology，32(1)：243-262.

ADAMS W M，Brockington D，Dyson J，et al. 2003. Managing tragedies：understanding conflict over common pool resources[J]. Science，302(5652)：1915-1916.

BANDURA A. 1986. Social foundations of thought and action[J]. A social cognitive theory. Englewood Cliff.

BANKER R D，CHARNES A，COOPER W W. 1984. Some models for estimating technical and scale inefficiencies in data envelopment analysis[J]. Management science，30(9)：1078-1092.

BARON R M，KENNY D A. 1986. The moderator-mediator variable distinction in social psychological research：Conceptual，strategic，and statistical considerations[J]. Journal of personality and social psychology, 51(6): 1173.

BEHNKE, JR, and H ROY. 1985. Measuring the benefits of subsistence versus commercial livestock production in Africa[J]. Agricultural Systems, 16(2): 109-135.

BRAGG L A, DALTON T J. 2004. Factors affecting the decision to exit dairy farming: a two-stage regression analysis[J]. Journal of Dairy Science, 87(9): 3092-3098.

BREUSTEDT G, GLAUBEN T. 2007. Driving forces behind exiting from farming in Western Europe[J]. Journal of Agricultural Economics, 58(1): 115-127.

CAILLAVET, F., GUYOMARD, H., & LIFRAN, R. (Eds.). 1994. Agricultural household modelling and family economics Newnes. (Vol. 10).

CALIENDO M, KOPEINIG S. 2008. Some practical guidance for the implementation of propensity score matching[J]. Journal of economic surveys, 22(1): 31-72.

CAMPBELL B M, GORDON I J, LUCKERT M K, et al. 2006. In search of optimal stocking regimes in semi-arid grazing lands: one size does not fit all[J]. Ecological Economics, 60(1): 75-85.

CENCETTI E. 2011. Tibetan Plateau Grassland Protection: Tibetan Herders' Ecological Conception Versus State Policies[J]. HIMALAYA, the Journal of the Association for Nepal and HimalayanStudies, 30(1): 12.

CHARNES A, COOPER W W, RHODES E. 1979. Measuring the efficiency of decision-making units[J]. European journal of operational research, 3(4): 339.

CHAVAS J P, MAGAND G. 1988. A dynamic analysis of the size distribution of firms: The caseof the US dairy industry[J]. Agribusiness, 4(4): 315-329.

CHIPMAN J S, LENFANT J S. 2002. Slutsky's 1915 article: How it came to be found and interpreted[J]. History of Political Economy, 34(3): 553-597.

COLEMAN, J. L. 1979. Efficiency, utility, and wealth maximization[J].

Hofstra L. Rev. , 8: 509.

CRANFORD, M. , & MOURATO, S. 2011. Community conservation and a two-stage approach to payments for ecosystem services[J]. Ecological Economics, 71(none), 89-98.

DEJANVRY A, FAFCHAMPS M, SADOULET E. 1991. Peasant Household Behavior with Missing Markets: Some Paradoxes Explain: 232.

DENG, X. , HUANG, J. , HUANG, Q. , ROZELLE, S. , & GIBSON, J. 2011. Do roads lead to grassland degradation or restoration? A case study in Inner Mongolia, China[J]. Environment and Development Economics, 16(6): 751-773.

EDWARDS, W. 1954. The theory of decision making[J]. Psychological bulletin, 51(4): 380.

EDWARDS-JONES G. 2006. Modelling farmer decision-making: concepts, progress and challenges[J]. Animal science, 82(6): 783-790.

FAFCHAMPS, M. 1993. Sequential labor decisions under uncertainty: An estimable household model of West-African farmers[J]. Econometrica: Journal of the Econometric Society, 1173-1197.

FAN, J. W. , SHAO, Q. Q. , LIU, J. Y. , WANG, J. B. , 2010. Assessment of effects of climate change and grazing activity on grassland yield in the Three Rivers Headwaters Region of Qinghai - Tibet Plateau, China[J]. Environmental monitoring and assessment, 170 (1-4): 571-584.

FÄRE R, GROSSKOPF S, ROOS P. 1998. Malmquist productivity indexes: a survey of theory andpractice//Index numbers: Essays in honour of Sten Malmquist[M]. Springer Netherlands, 127-190.

FARRELL M J. 1957. The measurement of productive efficiency[J]. Journal of the Royal Statistical Society. Series A (General), 120(3): 253-290.

FENG J, WANG T, QI S, et al. 2005. Land degradation in the source region of the Yellow River, northeast Qinghai-Xizang Plateau: classification and evaluation[J]. Environmental geology47(4): 459-466.

FERGUSON R, HANSSON H. 2013. Expand or exit? Strategic decisions in milk production[J]. Livestock science, 155(2-3): 415-423.

FISHBURN P C, KOCHENBERGER G A. 1979. Two-piece von Neumann-Morgenstern utility functions[J]. Decision Science, 10(4): 503-518.

FRIEDMAN, M., SAVAGE, L. J. 1952. The expected-utility hypothesis and the measurabilityofutility[J]. Journal of Political Economy, 60(6): 463-474.

JACK B K, KOUSKY C, SIMS K R E. 2008. Designing payments for ecosystem services: Lessons from previous experience with incentive-based mechanisms[J]. Proceedings of the National Academy of Sciences, 105(28): 9465-9470.

GALE, H. F. 2003. Age-specific patterns of exit and entry in US farming, 1978-1997[J]. Review of agricultural Economics, 25(1): 168-186.

GALLERANI V, GOMEZ Y PALOMA S, RAGGI M, et al. 2008. Investment behavior in conventional and emerging farming systems under different policy scenarios[J]. JRC Scientific and technical reports, EUR, 23245.

GAO L, KINNUCAN H W, ZHANG Y, et al. 2016. The effects of a subsidy for grassland protection on livestock numbers, grazing intensity, and herders income in inner Mongolia[J]. Land Use Policy, 54: 302-312.

GASSON R, ERRINGTON A J. 1993. The farm family business.

GENIUS, M., KARAGIANNIS, G., TZOUVELEKAS, V. 2008. Assessing european farmers' intentions in the light of the 2003 cap reform: 15.

GOETZ S J, DEBERTIN D L. 2001. Why farmers quit: A county-level analysis[J]. American Journal of Agricultural Economics, 83(4): 1010-1023.

GILBERT D C. 1991. An examination of the consumer behaviour process related to tourism[J]. An examination of the consumer behaviour process related to tourism., 78-105.

GÓMEZ-BAGGETHUN, E., DE GROOT, R., LOMAS, P. L., MONTES, C. 2010. The history of ecosystem services in economic theory and practice: from early notions to markets and payment schemes[J]. Ecological economics, 69(6): 1209-1218.

GOTTESMAN, A. A., RAMRATTAN, L., SZENBERG, M. 2005. Samuelson's economics: The continuing legacy[J]. Quarterly Journal of Austrian Economics, 8(2): 95-104.

HAY D A, MORRIS D J. 1991. Industrial economics and organization: theory and evidence[M]. Oxford University Press, USA, 115-232.

HECKMAN J J. 1979. Sample selection bias as a specification error[J]. Econometrica: Journal of the econometric society, 153-161.

HOPPE, R. A., & KORB, P. J. 2006. Understanding US farm exits (No. 1477-2016-121077).

HOU C, ZHOU L, WEN Y, et al. 2018. Farmers' adaptability to the policy of ecological protection in China—A case study in Yanchi County, China[J]. The Social Science Journal, 55(4): 404-412.

HUNT R G, KRZYSTOFIAK F J, MEINDL J R, et al. 1989. Cognitive style and decision making[J]. Organizational behavior and human decision processes, 44(3): 436-453.

JORGENSON D W, GRILICHES Z. 1967. The explanation of productivity change[J]. The Review of Economic Studies, 34(3): 249-283.

KAHNEMAN D, TVERSKY A. 2013. Prospect theory: An analysis of decision under risk//Handbook of the fundamentals of financial decision making: Part I. 99-127.

KIMHI A, BOLLMAN R. 1999. Family farm dynamics in Canada and Israel: the case of farm exits[J]. Agricultural Economics, 21(1): 69-79.

KIMHI A. 2000. Is Part-Time Farming Really a Step in the Way Out of Agricultural? [J]. American Journal of Agricultural Economics, 82(1): 38-48.

LAWTON, J. H. 1998. Daily, GC (Ed.). 1997. Nature's services. Societal dependence on natural ecosystems. Island Press, Washington, DC. 392 pp. ISBN 1-55963-475-8 hbk), 1 55963 476 6 (soft cover. In Animal Conservation forum (Vol. 1, No. 1, pp. 75-76). Cambridge University Press.

LEVY, J. S. 1997. Prospect theory, rational choice, and international relations[J]. Internationalstudies quarterly, 41(1): 87-112.

LI S, VERBURG P H, LV S, et al. 2012. Spatial analysis of the driving factors of grassland degradation under conditions of climate change and intensive use in Inner Mongolia, China[J]. Regional Environmental Change, 12(3): 461-474.

MAYRAND, K., PAQUIN, M. 2004. Payments for environmental services: a survey and assessment of current schemes: 86.

MCPEAK J G, DOSS C R. 2010. Are Household Production Decisions Cooperative? Evidence on Pastoral Migration and Milk Sales from Northern Kenya[J]. American Journal of Agricultural Economics, 88(3): 525-541.

NASH, J. 1951. Non-cooperative games[J]. Annals of Mathematics, 54 (2), 286-295.

OECD. Trust in Government. http: //www. oecd. org/gov/trust-in-government. html.

O'DONNELL, S., HORAN, B., BUTLER, A. M., & SHALLOO, L. 2011. A survey of the factors affecting the future intentions of Irish dairy farmers[J]. The Journal of Agricultural Science, 149(5), 647-654.

OJIMA D, CHULUUN T. 2008 Policy changes in Mongolia: implications for land use and landscapes[C]//Fragmentation in semi-arid and arid landscapes. Springer, Dordrecht, 179-193.

OSTROM V, TIEBOUT C M, WARREN R. 1961. The organization of government in metropolitan areas: a theoretical inquiry[J]. American political science review, 55(4): 831-842.

OSTROM V, OSTROM E, SAVAS E S. 1977. Public goods and public choices, 75-103.

OSTROM E, GARDNER R, WALKER J, et al. 1994. Rules, games, and common-pool resources[M]. University of Michigan Press.

OSTROM, ELINOR. 2008. The Challenge of Common Pool Resources[J].

Environment, 50 (4): 1-20.

OSTROM, ELINOR. 2010. Polycentric Systems for Coping with Collective Action and Global Environmental Change [J]. Global Environmental Change, 20: 550-557.

PARETO, V. 1964. Cours d'économie politique (Vol. 1). Librairie Droz.

Pfeffer M J. 1989. Part-time farming and the stability of family farms in the Federal Republic of Germany1 [J]. European Review of Agricultural Economics, 16(4): 425-444.

PHIPPS M, OZANNE L K, LUCHS M G, et al. 2013. Understanding the inherent complexity ofsustainable consumption: A social cognitive framework [J]. Journal of Business Research, 66(8): 1227-1234.

PINDYCK, R. S., RUBINFELD, D. L. 1988. Econometric models and economic forecasts: 56.

POPKIN S L. 1979. The rational peasant: the political economy of rural society in Vietnam. Scott J C. The Moral Economy of the Peasant: Rebellion and Subsistence in Southeast Asia [C]// the moral economy of the peasant. Rebellion and Subsistence in Southeast Asia, by James C. Scott (Book Review). 1976.

RAHELIZATOVO N C, GILLESPIE J M. 1999. Dairy farm size, entry, and exit in a declining production region [J]. Journal of Agricultural and Applied Economics, 31(2): 333-347.

ROE B. A study of US farm exits with evidence from the Panel Study of Income Dynamics: 1968-89 [C] //AMERICAN JOURNAL OF AGRICULTURAL ECONOMICS. 1110 BUCKEYE AVE, AMES, IA 50010-8063: AMER AGRICULTURAL ECONOMICS ASSOC, 1995, 77(5): 1381-1381.

RUBIN D B. 1974. Estimating causal effects of treatments in randomized and nonrandomized studies [J]. Journal of educational Psychology, 66(5): 688.

SAMUELSON, P. A. 1938. A note on the pure theory of consumer's behaviour [J]. Economica, 5(17): 61-71.

SAMUELSON P A. 1954: The pure theory of public expenditure [J]. The review of economics and statistics, 387-389.

SEIFORD L M, THRALL R M. 1990. Recent developments in DEA: the mathematical programming approach to frontier analysis[J]. Journal of econometrics, 46(1): 7-38.

SIMON H A. 1955. A behavioral model of rational choice [J]. The quarterly journal of economics, 69(1): 99-118.

SLOVIC, P. 1987. Perception of risk[J]. Science, 236(4799): 280-285.

SOLANO, C., LEON, H., PEREZ, E., & HERRERO, M. 2003. The role of personal information sources on the decision-making process of Costa Rican dairy farmers[J]. Agricultural systems, 76(1), 3-18.

SOLOW R M. 1957. Technical change and the aggregate production function[J]. The review of Economics and Statistics, 312-320.

SQUIRES V R, LU X, LU Q, et al. 2009. Degradation and recovery in China's pastoral lands[J]. CABI, Wallingford, UK, 15-354.

STALLONES L, ACOSTA M S V, SAMPLE P, et al. 2009. Perspectives on safety and health among migrant and seasonal farmworkers in the United States and México: a qualitative field study[J]. The Journal of Rural Health, 25(2): 219-225.

STOKES, J. R. 2006. Entry, exit, and structural change in Pennsylvania's dairy sector[J]. Agricultural and Resource Economics Review, 35(2), 357-373.

SUSANTO D, ROSSON C P, ANDERSON D P, et al. 2010. Immigration policy, foreign agricultural labor, and exit intentions in the United States dairy industry[J]. Journal of dairy science, 93(4): 1774-1781.

SAVAGE L J. The theory of statistical decision[J]. Journal of the American Statistical association, 1951, 46(253): 55-67.

SWIFT J. 1988. Major issues in pastoral development with special emphasis on selected African countries.

TAKEMURA, K. 2014. Behavioral decision theory[J]. Psychological and mathematical descriptionsof human choice behavior: Springer Japan.

TAO S, FANG J, ZHAO X, et al. 2015. Rapid loss of lakes on the Mongolian Plateau[J]. Proceedings of the National Academy of Sciences, 112(7): 2281-2286.

TVERSKY A, KAHNEMAN D. 1974. Judgment under uncertainty: Heuristics and biases[J]. science, 185(4157): 1124-1131.

TAUER, L. W., & MISHRA, A. K. 2006. Can the small dairy farm remain competitive in US agriculture? [J]. Food Policy, 31(5), 458-468.

VANHECKEN, G., BASTIAENSEN, J. 2010. Payments for ecosystem services: justified or not? A political view[J]. Environmental science & policy, 13(8): 785-792.

VANSLEMBROUCK I, HUYLENBROECK G V, VERBEKE W. 2010. Determinants of the Willingness of Belgian Farmers to Participate in Agri-environmental Measures[J]. Journal of Agricultural Economics, 53(3): 489-511.

VIAGGI D, RAGGI M, PALOMA S G Y. 2011. Farm-household investment behaviour and the CAP decoupling: Methodological issues in assessing policy impacts[J]. Journal of Policy Modeling, 33(1): 127-145.

VON BERTALANFFY, L. 1968. General system theory. New York, 41973, 40.

VON BRAUN J. 1995. Agri cultural Commercialization: Impacts on Income and Nutrition and Implications for Policy[J]. Food Policy, 20(3).

WANG P, DENG X, JIANG S. 2017. Diffused impact of grassland degradation over space: A case study in Qinghai province[J]. Physics and Chemistry of the Earth, Parts A/B/C, 101: 166-171.

WOOLDRIDGE J M. 2003. Further results on instrumental variables estimation of average treatment effects in the correlated random coefficient model[J]. Economics letters, 79(2): 185-191.

WUNDER, S. 2005. Payment is good, control is better: why payments for forest environmental services in Vietnam have so far remained incipient.

CIFOR.

X. DENG, J. HUANG, Q. HUANG, et al. 2011. Do roads lead to grassland degradation or restoration? A case study in Inner Mongolia, China[J]. Environ. Dev. Econ., 16 (6): 751-773.

YAN Z L, WU N. 2005. Rangeland privatization and its impacts on th-eZoige wetland s onthe eastern Tibetan Plateau [J]. Journal of Mountain Science, 2(2): 105-115.

YANDLE, B. 1998. Coase, Pigou, and environmental rights[J]. Who owns the environment, 119-152.

YANG Q G, PICKFORD M. 2014. The Merger Clearance Decision Process in New Zealand: Application of a New Two-Stage Probit Model[J]. Review of Industrial Organization, 44(3): 299-325.

YAZDANPANAH M, FEYZABAD F R, FOROUZANI M, et al. 2015. Predicting farmers' water conservation goals and behavior in Iran: A test of social cognitive theory[J]. Land Use Policy, 47: 401-407.

YE H, ZHU L Z. 2014. Analysis on Inner Mongolia grassland ecological compensation practices[J]. Pratacultural Science, 31(10): 1966-1975.

YEH E T, SAMBERG L H, VOLKMAR E, et al. 2017. Pastoralist decision-making on the Tibetan Plateau[J]. Human ecology, 45(3): 333-343.

YIN Y, HOU Y, LANGFORD C, et al. 2019. Herder stocking rate and household income under the Grassland Ecological Protection Award Policy in northern China[J]. Land Use Policy, 82: 120-129.

YOUNG H N, LIPOWSKI E E, CLINE R J W. 2005. Using social cognitive theory to explain consumers' behavioral intentions in response to direct-to-consumer prescription drug advertising[J]. Research in Social and Administrative Pharmacy, 1(2): 270-288.

ZEPEDA L. 1995. Asymmetry and nonstationarity in the farm size distribution of Wisconsin milk producers: An aggregate analysis[J]. American Journal of Agricultural Economics, 77(4): 837-852.

ZHANG J, BROWN C, QIAO G, et al. 2019. Effect of Eco-compensation Schemes on Household Income Structures and Herder Satisfaction: Lessons From the Grassland Ecosystem Subsidy and Award Scheme in Inner Mongolia[J]. Ecological Economics, 159: 46-53.

ZHANG, G., KANG, Y., HAN, G., & SAKURAI, K. 2011. Effect of climate change over the past half century on the distribution, extent and NPP of ecosystems of Inner Mongolia[J]. Global Change Biology, 17(1), 377-389.

ZHEN L, LI F, YAN H M, et al. 2014. Herders' willingness to accept versus the public sector's willingness to pay for grassland restoration in theXilingol League of Inner Mongolia, China[J]. Environmental Research Letters, 9(4): 045003.